창의성에 관한
11가지 생각

창의성에 관한 11가지 생각

황준욱 | 유승호 | 김윤태 편

고려대학교출판부
KOREA UNIVERSITY PRESS

책머리에

〈인생은 아름다워〉라는 영화를 보셨는지? 독자께서 혹 이 영화를 보았다면, 주인공 귀도가 만면에 웃음을 머금은 채 과장된 몸짓으로 행진하던 가슴 찡한 장면을 잊지 못할 것이다. 어린 아들 조슈아가 끔찍한 현실을 버텨낼 수 있도록, 귀도는 아들로 하여금 포로수용소의 감금 생활을 그 어떤 게임이라고 믿게 했고, 처형장으로 향하는 마지막 행로에서도 끝까지 자신의 연출과 연기에 최선을 다했던 것이다. 오로지 아들을 위해서.

유머는 괴롭고 음울한 현실을 헤쳐 나가도록 도와주는 유력한 기제다. 그리고 기본적으로 창의적 정신의 소산이다. 창의성이 결여될 때, 나와 당신을 동시에 구원해 주는 저 유머의 빛은 순식간에 사그라지고 말 것이다.

그리고 실은 바보짓에 불과한 저 나치 병정들의 심각한 몸짓과 눈빛 — 멍청한 엄숙주의여! 귀도의 광대짓은 아름다우나 병정들의 수컷다움은 가련하구나.

이 책은 열한 명의 아직은 재기발랄하다고 자처하는 필자들이 각자 열심히 창의성의 비밀에 도전한 결과물이다. 세상의 단조로움에 싫증이 난 사람들, 세상을 이끄는 변화의 이면에는 어떤 힘이 작용하는지 궁금한 사람들, 아니면 세상을 조금이라도 더 재미있게 살아보려는 사람들에게 이 책은 꽤 큰 도움이 되어 줄 것이다. 그렇게 믿는다.

창의성을 꽃피우는 모티프는 무엇일까? 누군가는 그것을 사랑과 열정이라고 주장한다. 사랑에 빠진 사람은 그(그녀)가 좋아하는 음식을 아주 맛있게 하는 곳을 발견하거나 혹은 더 맛있는 요리 방법을 알아낼 수 있는 것이다. 창의적이고 싶은가? 우선 누군가를 사랑하라.

또 어떤 이는 하찮은 것, 당연한 것으로부터 모든 새로운 것이 시작된다고 알려 준다. 이것은 서로 통하는 말이지 싶다. 사랑에 빠져 본 사람이면 주변의 하찮은 것, 당연한 것이 모두 새롭게 다시 시작하는 마술 같은 경험을 하게 마련이니까. 아니, 그런데 그런 정도로 끝이 아니다. 우리의 필자는 이렇게 말한다 — 당대에는 '하찮은 것'을 따라갔던 사람들이 결국 역사를 바꾼 것이다! 그렇다. 에디슨이나 빌 게이츠가 제도 속에서 적절히 행동하는 것으로 만족했다면 역사를 바꾼 인물이 되진 못했을 것이다. 남보다 더 잘하기 위해서가 아니라 남과 다르기 위해서 열심히 하라! 창의적 존재가 된다는 것은 얼마나 흥분되고 즐거운 일인가.

창의성은 그런 것이다. 상충되는 두 가지 방법 중에 한 가지만을 선택하는 딜레마적 사고를 하는 한 당신 안에 잠재된 창의성은 영원히 빛을 보지 못할 것이다. 야누스! 창의성은 야누스다. 또는 익숙함과 새로움이 만났을 때 일어나는 화학적 반응이 창의성이다.

그리하여… 창의성 카페에서는 오늘도 이런 말들이 오간다.

…그렇습니다. 무소유는 힘이 세지요. 버릴수록 채워지는 포기의 미학을 아시나요?… 왜냐하면 나는 삐딱하기 때문이죠. 나는 삐딱합니다. 고로 나는 존재합니다. 창의성은 완전한 것을 추구하되 완전할 수 없으며, 새롭되 완전히 새롭지 않은 것입니다. 창의성은 불완전한 상태에서 완전함을 추구하는 과정에 생겨나는 진주 같은 것이랍니다. T.H.A.N.K.S.!

2009년 7월

저자 일동

■ 이 책의 일부는 다른 책과 저널에서 출간된 내용이다. 유승호 교수는 2장의 원고를 〈달콤, 살벌한 문화 이야기〉(새로운사람들)에 게재하였다. 이 책 가운데 황준욱, 이병민, 이상민, 이수영, 김윤태의 원고는 계간 〈한국의 전망〉 6호에 '창의성과 문화' 제목의 특집 논문으로 게재하였다. 이 원고의 출간을 허락해 준 새로운사람들 출판사와 이재욱 대표님에게 감사드린다.

■ 이 책의 원고를 기획하고 필자들을 끝까지 지원해 준 유승호 교수와 황준욱 연구위원의 노력으로 책이 출간될 수 있었다. 맨 처음 유승호 교수는 이 책의 주제를 기획하고 저자들이 아이디어를 교환하고 글을 쓸 수 있도록 물심양면으로 지원했다. 황준욱 박사는 저자들의 원고를 모아 다듬으며 저자들의 의견을 수렴하는 등 많은 노력을 기울였다. 김윤태 교수는 새로운 원고를 포함하여 마지막 단계까지 편집과 출간을 위해 노력했다.

차례

아낌없이 사랑을 쏟아라

포용력과
창의성

2006년 여름 상영된 〈사랑하니까 괜찮아〉라는 우리 영화가 있었다. 고등학교 시절 만나 풋풋한 사랑이 시작되었는데 여자의 갑작스런 미국행으로 둘은 헤어지게 되고 2년 만에 돌아온 여자가 자기는 죽을병에 걸렸다고 남자에게 고백하고 남은 시간을 함께하기로 한다. 얼마 남지 않은 시간 동안 열정적으로 사랑하는 두 사람은 여자의 죽음을 앞두고 오로라를 보기 위해 함께 찾아간 곳에서 지금 죽어서 헤어져도 "서로 사랑하니까 괜찮아"라는 말을 한 후 행글라이더를 타고 창공을 오르면서 끝을 맺는 작품이다.

창의성의 발현은 대상에 대한 사랑과 열정을 기본으로 이루어진다. 그 대상은 사랑하는 사람일 수도 있고 예

술작품이 될 수도 있으며, 사람을 사랑하는 과정이나 예술작품을 만드는 과정이 될 수도 있

다. 흔히 창의산업이라고 불리는 문화산업 종사자들의 생각을 엿보자. 아래 그림은 영화, 애니메이션, 게임, 만화, 음악, 캐릭터 개발 등 문화산업에서 활동하고 있는 이들이 왜 문화산업계에 들어왔는가라는 질문에 답한 결과를 그래프로 나타낸 것이다.

그림에서 알 수 있듯이 많은 장르에서 '좋아서', '사랑해서'라고 해석할 수 있는 열정 때문에 문화산업계에 들

문화산업 종사자 취업 동기(2006)

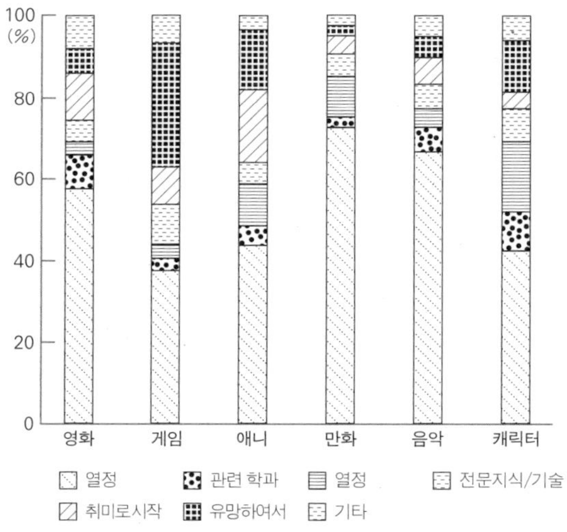

자료 : 한국문화콘텐츠진흥원(2006). 문화콘텐츠 산업 전문인력 구조 비교분석과 정책 지원방안-애니메이션, 영화, 게임, 만화, 음악, 캐릭터 산업을 중심으로.(그림 Ⅱ-4).

어온 사람들이 절반이 넘는 것을 확인할 수 있다. 보다 넓은 의미에서 열정에 포함될 수 있는 '취미로 시작한' 경우까지 합한다면 거의 모든 장르에서 10명 중 6-7명은 무언가에 대한 열정을 가지고 문화산업계에 뛰어들었다고 할 수 있다. 다른 분야에 종사하고 있는 이들이 현재 직업을 시작한 이유를 들 때 하게 되는 '관련 학과를 나와서' 또는 '관련된 전문 지식이나 기술이 있어서'라는 맹숭맹숭한 답이 문화산업계 종사자들에게선 채 10%도 나오지 않았다. 한마디로 말하면 창의적 스토리, 창의적 화면, 창의적 음향 등 창의성을 생명으로 하는 영화나 게임을 만드는 사람들 대부분은 자기가 하는 일에 대한 사랑 혹은 열정을 가지고 그 일에 뛰어들었다. 이런 의미에서 창의성의 밑바닥에는 열정 혹은 사랑이 자리잡고 있다고 볼 수 있으며 영화 제목대로 '사랑하면 괜찮으니까', 결론적으로 '창의성은 괜찮아'라고 할 수 있다. 약간 억지스러워 보일 수 있지만 이 말을 잘 살펴보자.

사랑은 대상에 대한 깊은 관심과 관찰

사랑과 열정은 대상에 대한 깊은 관심과 관찰을 의미한다. 이 글을 읽는 독자들은 지금까지 살면서 각자 자신이 가장 사랑했던 사람, 물건, 작품을 떠올리기를 부탁드린다. 지금도 기억에 남아 있는 첫사랑일 수도 있으며 인생에서 가장 힘들 때 읽었던 한 권의 책일 수 있으며 너무도 아름다워 서너 번을 더 보고 대사를 외웠던 영화일 수도 있으리라. 첫사랑을 떠올려 보라. 당신은 그(그녀)가 좋아하는 음식, 좋아하는 음악, 좋아하는 배우를 알아내기 위해 많은 노력을 기울였을 것이다. 그(그녀)의 좋아하는 음식을 알아내기 위해 여러 음식을 같이 먹어 보고 어떤 음식을 먹었을 때 가장 행복한 모습을 보이는지를 관찰하고, 그 음식을 맛있게 하는 음식점을 찾기 위해 밤새도록 인터넷을 뒤지거나 미식가를 자처하는 지인들에게 전화를 해대던 기억이 있을 것이다. 혹은 보다 적극적으로 직접 음식을 만드는 법을 익혀 그(그녀) 앞에서 직접 요리를 해 줌으로서 그(그녀)를 감격하게 만든 적도 있을 것이다. 이 모든 관심과 관찰은 오직 자신이 사랑하는 그(그녀)를 행복하게 해 주기 위함이었다.

이러한 관심과 관찰은 사랑하는 대상을 위한 새로운 아이디어를 만들어 내는 원동력이 된다. 그(그녀)가 좋아하는 음식을 아주 맛있게 하는 곳을 발견하거나 혹은 더 맛있는 요리 방법을 알아낼 수 있었던 것은 '우연'이 아니라 자신의 '그(그녀)에 대한 사랑'의 결과였다. 사랑하는 대상에 대한 끊임없는 관심과 관찰은 대상과 관련한 창의적인 아이디어를 만들어 내고 이를 실현시킬 수 있는 창의적 사고와 추진력의 기초가 된다. 게임 분야 홍보 담당자는 창의력을 키우기 위한 훈련 방법으로 아래와 같이 관심, 주목 등의 요소를 지적하고 있다.

> (창의적 역량을 강화하기 위한 훈련 방법을 묻는 질문에) 전문 교육을 받는 게 아니라면… 독서라든가… 다독, 다작 아닐까요? 최근의 어떤 이슈에 대해서 관심을 갖고 주목하고, 그것에 대해 생각을 하는 개인적인 활동들이 필요할 것 같아요. —게임 홍보 담당자

관심과 관찰이 창의적 역량의 기초 요소가 되는 이유

는 무엇일까? 이는 창의적 표현의 소재가 되기 때문이다. 창의라는 것은 그 누구도 생각하지 못하는 것을 만들어 내는 것이 아니라 존재하는 것을 '표현'하는 문제일 수 있기 때문이다. 영화 특수분장을 담당하는 이는 특수분장을 배우기 위해 무엇을 해야 하는가라는 질문에 아래에서처럼 "예술적인 것은 제일 많이 보는 거죠"라고 대답하고 있다.

> 일을 하려면 기술을 배워야 하고요. 표현을 하려면 예술적인 게 필요하거든요. 예술적인 것은 제일 많이 보는 거죠. 할아버지 주름이 몇 개 있는지 관찰을 하고 그런 것을 반복적으로 해서 손으로 표현해야 하는데… —특수분장사

아이작 뉴턴이 떨어지는 사과를 보고 만류인력 법칙을 발견한 사실은 뉴턴이 자신의 새 이론에 대한 애정을 바탕으로 사물을 관찰했기 때문이다. 자신의 이론에 대한 끊임없는 몰두가 사과가 떨어지는 사실로부터 위대한 이론을 도출시키는 상상력(창의력)을 가능하게 한 것이다.

사랑은 대상에 대한 포용력

앞서 이야기한 〈사랑하니까 괜찮아〉라는 영화는 사랑의 힘이 거의 무한대의 포용력을 낳는 예를 보여 준다. 사랑하는 사람들이 가장 피하고 싶은 두려운 일은 아마 상대와 헤어지는 것일 것이다. 하물며 사랑하는 사람의 죽음은 말로 표현하기 힘든 고통을 준다. 하지만 사랑은 사랑하는 상대가 죽는 것조차 '괜찮을' 정도로 포용력을 확장시켜 줄 수 있다.

다시 한 번 자신이 사랑하는 대상을 떠올려 보자. 그(그녀)의 투정, 짜증, 변덕 등 모든 면을 모두 너그럽게 받아들이던 시절이 있었을 것이다. 예상하지 않았던 쌀쌀한 태도를 받아들이면서 그(그녀)의 기분을 풀어 주기 위해 어떻게 하면 될까를 고민한 적이 있었을 것이다.

포용은 '남을 너그럽게 감싸 주거나 받아들인다'는 의미를 갖는다. 주로 생각하지 못했거나 예상하지 못한 말이나 행동을 받아들이는 것을 가리킨다. 포용이 어떻게 창의성과 관련이 있을까? '창의'란 새로운 아이디어를 자신의 것으로 만들 때 구현된다. 떠오르는 아이디어 혹은 새로운 발견이 아무리 많아도 자신의 것으로 받아들이지 않으면 그것들은 잠시 동안 스쳐 가는 생각의 잔치일 뿐이다. 신선한 아이디어나 발견을 자신의 것으로 만들기 위해서는 그것들을 자기 안으로 받아들이는 '포용'의 과정이 필요하다.

문화산업 종사자들도 이러한 '받아들이는 과정'의 필요성을 지적하고 있다. 게임 프로그래머는 아무리 새로운 기술이 나와도 받아들이지 못하는 경우가 있다고 이야기한다.

> 어려운 게, 새로운 기술은 자꾸 나와요. 근데 받아들일 시간이 없어요. 10년 정도 시간이 지나야 습득되는 거라면 지금 효용이 안 되잖아요 그래서 1년 정도 휴직을 하고 공부를 하는 분도 있어요. 책을 보긴 봐도… —게임 프로그래머

영화 특수분장 감독은 연수생을 선발할 때 '받아들일 수 있는 역량'을 본다고 이야기한다.

> 실력이 있고 없고는 안 봐요. 제가 아무리 못해도 얘보다는 잘한다고 생각하거든요. 그래서 실력은 제가 가르치면 돼요. 그런 것을 받아들일 수 있는 역량과 인간성을 봐요… —영화 특수분장 감독

하지만 창의적 아이디어의 구현을 위해서는 단순히 '받아들이는' 과정만으로는 불충분하다. 받아들여 자신의 것으로 만드는 체화 과정이 필요하다. 체화되지 않는 아이디어는 고민만을 더할 뿐이며 아이디어를 가진 사람을 불행하게 만들 수도 있다. 대상에 대한 진정한 포용은 자기 안에서 대상을 진심으로 이해하는 과정을 필요로 한다. 이 과정은 문화예술 분야의 창작 과정에서 반드시 필요한 부분이다. 아래 인터뷰는 녹음기사가 자신이 받아들인 아이디어가 창작물로 만들어지기 위해서는 자기 안의 체화 과정인 '정리'라는 과정을 거쳐야 함을 이야기하고 있다.

> 취합했다는 건 제가 받아들였다는 거거든요. 뭐가 마음에 안 들면 안 받아들여야 하는데 시간이 없거나 해서 받

아들였다면 제가 어떻게 해서든 정리를 해서 깨끗하게 만들든지 예쁘게 만들든지 정리해야 돼요. —영화 동시녹음 기사

이러한 받아들임과 자기 안의 체화 과정은 기본적으로 열린 마음을 필요로 한다. 이는 아래 인터뷰 내용이 보여 주고 있듯이, 열린 마음은 창작 과정에서 요구되는 다른 사람들과의 원활한 협력을 위해서라도 꼭 필요한 사항이다.

어느 정도 작업을 하는 데 대화가 되어야 하는데, 어느 정도 마인드가 오픈되어 있느냐, 남의 지적이나 그런 것을 받아들일 수 있는지…. 너무 자기 주관을 내세우면 작업이 진행이 안 되니까 어느 정도 오픈되어 있는 마인드로 작업을 하느냐… —영화 특수소품 제작자.

[사랑은 일정 기간의 희생]

어떤 대상을 사랑한다는 것, 그 대상에 대한 열정을 가지고 있다는 것은 대상을 위해 일정 기간 자기를 희생할 수

있다는 것을 의미한다. 주위에서 사랑하는 자식을 위해 희생하는 부모들과 연인을 위해 희생하는 사람들을 얼마나 많이 볼 수 있는가? 하지만 희생하는 기간은 사람에 따라 달라서 부모들은 죽음 이후에도 후손을 위해 희생한다고 여겨지는가 하면 사랑이 식어 헤어진 후 모르는 남보다 훨씬 못한 원수지간이 되는 부부관계도 존재한다.

창의성에 웬 희생이냐고 반문하는 사람도 있을 것이다. 희생해야 하는 시간, 그것은 창의적 아이디어를 생각하고 이를 구현하기 위한 필요불가결한 시간을 의미한다. 창의적인 제품 혹은 작품 제작은 순식간에 번득 스치는 아이디어만으로는 가능하지 않다. 아이디어 착상도 시간을 필요로 하고 특히 작품화, 상품화 과정은 때로 지난한 시간을 요구하기도 한다.

> 아까 말씀드렸다시피 최초라고 볼 수는 없지만 그래도 초창기 모델이라는 게 둘리 정도인데, 어떤 출판 쪽에서 출발을 했고요. 상품화되기까지 시간이 있었고요. —캐릭터 개발자

2분 20초짜리 캐릭터 애니메이션을 만드는 데 최소한 한 달에서 한 달 반 정도가 소요된다는 아래 진술은 아이디어를 발굴하고 이를 구현하는 과정이 요구하는 최소한의 시간이 상당한 기간임을 알려주고 있다.

> (그럼 2분 20초짜리 작품 하나를 완성하시는 데 얼마나 시간이 걸리세요?라는 질문에) 빠르면 한 달에서 한 달 반 정도. 그 정도… —캐릭터 애니메이터

때로는 창작 과정에 필요한 새로운 아이디어를 만들어 내는 데는 추측할 수 없을 정도로 '끝이 없는' 시간이 요구되기도 한다. 한 게임 기획자는 이러한 '추측할 수 없는' 시간을 이야기하면서 그러한 '무모한' 시간 투자는 '애정'이 없으면 하기 힘든 일임을 강조한다.

> 기획의 경우 '한 달 동안 새로운 게임에 필요한 아이디어를 몇 개나 만들 수 있는가'에서 천 개의 아이디어를 낼 수도 있지만, 필요한 아이디어가 아닌 경우가 더 많아요. 그렇기 때문에 정해진 작업량을 얼마의 시간 동

안 소화해 내야 하는가가 정해질 수가 없어요. 예를 들어 야근을 해야 된다면, 이 업무의 양이 야근이 필요한 정도인지, 야근을 해서 만들어진 결과물이 좋을 것인지, 그런 부분들이 애매해요. 필요에 따라서는 힘든 상황에서도 야근을 한다든지, 아까 말씀드린 것처럼 납기가 중요하다 보니까 그것을 맞추기 위해 작업량이 많아진다든지. 애정이 없으면 할 수 없는 일들이에요

—게임 기획자

창의적이 되려면 사랑을 아끼지 말라

다음 표(27쪽)는 영화와 게임 산업에 종사하는 인력이 가지고 있는 이직 성향에 따라 자신의 직무에 대한 창의성 평가가 어떻게 달라지는지를 보여 준다.

표에서 알 수 있듯이 이직하지 않고 이 분야에서 계속 일하겠다는 생각을 가진 사람이 그렇지 않는 사람들보다 자신의 직무를 창의적이라고 생각하는 경향이 발견된다. 즉, 자기 일이 창의적이라고 생각하는 사람일수록 다른 분야로 옮기지 않고 자신이 해 오던 일을 계속할 가능성이 높

영화와 게임에서 활동하는 사람들의 이직 성향과 직무 창의성 평가

이직 성향	영화	게임
무조건 옮긴다	3.60(1.10)	3.27(0.93)
직접 관련 분야로 옮긴다	3.51(1.14)	3.50(0.92)
직접 관련 없지만 자신의 기술과 지식 활용할 수 있는 분야면 옮긴다	3.45(1.10)	3.48(0.87)
내가 속한 장르에서 계속 일하겠다	3.72(1.10)	3.58(0.88)

주 : • 숫자는 자신의 직무 창의성을 평가한 값을 평균한 수치(5점 '매우 높다'가 만점, 1점 '매우 낮다'까지 5단계 척도).
• ( )안 숫자는 표준편차

자료 : 영화진흥위원회(2005), 〈영화산업 인력 직무 및 근로 실태 조사〉

은 것이다.

창의적 인간이 되고 싶은 사람들이여, 창의성을 키우고 싶은 사람들이여, 고개를 들어 주위를 살펴보라. 무엇보다 사랑하고 싶은 대상을 찾는 노력을 기울여야 할 것이다. 그 대상을 사랑하는 과정에서 깊은 관심과 관찰, 대상의 포용, 대상을 위한 희생정신이 생기게 될 것이다. 기발한 아이디어의 착상과 실현, 그것은 누구를 혹은 무엇인가를 진정으로 사랑하게 될 때 가능할 수 있다. ■황준욱

“신은 세세함 속에 존재한다”

세심함과 창의성

스모크…
늘 똑같은 장면인데?

〈스모크Smoke〉란 영화가 있다. 자신의 담배 가게에서 동네 건달들과 어울리며 시간을 보내는 브루클린의 아마추어 사진가 오기. 어느 날 담배를 사러 온 소설가 폴에게 자신이 14년간 찍어 온 사진들을 보여 준다. 그것은 매일 아침 8시 같은 장소에서 거리 풍경을 찍은 사진이었다. 그 사진은 거의 비슷하지만 매일 다른 모습들 같은 사람들의 다른 인상들로 찍혀진다. 오기가 찍은 사진을 보며 두 사람은 친구가 된다. 그리고 폴은 오기의 사진 이야기를 소설로 쓰기 시작한다. 그 소설의 시작은 바로 이런 우리 일상의 똑같은 모습들 속에서 서로 다름을 보는 세

영화 〈스모크〉의 오기

밀함으로부터 시작된다. 평범함이란 다시 보면 늘 새로운 것, 창의적인 것으로 가득 찬다. 우리가 하찮게 보는 것, 당연한 것으로부터 모든 새로운 것은 시작되는 것이다. 단 그러한 하찮고 당연한 것을 다른 시각 다른 관계 다른 거리에서 볼 때 새로운 것을 찾을 수 있다.

[커피 한잔 타 오기와 창의성]

영화로부터 이제 평범한 일상의 일로 돌아와 보자. 회사에 첫 출근한 당신. 누군가, 선배나 상사가 커피 타 줄 것을 명령(?)한다. 하찮은 커피 타기에 질려 버린 당신은 그날 또 하나의 스트레스를 안고 퇴근한다. 그 많은 공부와 대단한 학력으로 회사를 들어왔건만 겨우 커피 타는 일을 시킨다고?

그러나 이것도 커피 맛 하나로 세계 최고의 기업가가 된 슐츠의 유명한 이야기에 견주면 무색한 불평이다. 스타벅스의 성공 신화는 뉴욕 빈민가 태생인 하워드 슐츠에 의해 이룩됐다. 대학 졸업 후 대기업에서 일하던 하워드 슐츠는 1982년 평범한 커피체인점에 불과했던 스타벅스 매장에서 맛본 '원두커피'에 반해, 대기업 부사장직을 버리고 스타벅스 마케팅 부문 책임자로 합류했다. 슐츠는 스타벅스 합류 3년 후 "사람들이 커피 한 잔과 더불어 편하게 토론하고 재즈를 들으며 쉴 수 있는 오아시스를 창조하겠다"는 낭만적인 꿈을 실현하기 위해 스타벅스를 박차고 나와 '일 지오날레'라는 커피전문점을 창업했다. 꿈을 실현하려는 그의 의지는 여기서 그치지 않았다. 슐츠는 242회에 이르는 투자 설명회 끝에 투자자금 유치에 성공, 1987년엔 모기업인 스타벅스를 인수해 회장 겸 최고경영자 자리에 올랐다.

하워드 슐츠는 스타벅스를 단순히 커피를 판매하는 기업으로 생각하지 않았다. 그는 스타벅스 브랜드를 통해 편안하게 마음을 안정시키는 공간과 문화, 그리고 경험을 파는 새로운 가치를 만들어 냈다. 수천만 명에 이르는 고

스타벅스 회장
하워드 슐츠(Howard Schultz, 1953-)

객들은 스타벅스가 제공하는 5-10분간의 편안한 휴식, 사회적 교류라는 경험을 사기 위해 스타벅스를 방문한다. 현대인들은 일터와 가정의 긴장감에서 벗어날 수 있는 제3의 장소에 열광하였고, 그렇게 열광적으로 만족한 고객들이 입에서 입으로 스타벅스를 알렸다. 스타벅스는 단 한 번의 브랜드 광고 없이 세계 최고 브랜드를 구축하게 된다.

누군가를 사랑하게 됐을 때 상대를 웃게 만들기 위해 고심하기 마련이다. 대상에 대한 관심과 관찰은 창의성 발현의 제일가는 조건이라 할 수 있다.

스타벅스가 일관되게 제공해 온 높은 품질의 카페라떼를 만들기 위해서는 먼저 2온스의 커피를 만들어야 한다. 스타벅스의 가이드라인에 따르면 이는 섭씨 90도에서 18-23초 동안 끓여서 얻어져야 하며, 훌륭한 에스프레소를 만들기 위해서는 9바[bar]의 압력이 가해져야 한다. 두 번째, 우유는 섭씨 71도에서 가열되어야 한다. 대부분의 이탈리아 에스프레소 기계는 물 끓이는 통 하나로 커피를 위한 물도 끓이고 우유를 거품 내기 위해서 가열도 한다. 그 결과 우유를 데우는 작업으로 인해 물의 온도가 영향을 받고, 이것은 일정하지 않은 맛의 에스프레소를 만들어 버린다. 만약 물이 너무 뜨거우면 에스프레소는 탄 맛이 난다. 반대로 물이 너무 차가

우면 충분한 향을 뽑아내지 못한다. 이것은 이탈리아에서는 그다지 큰 문제가 되지 않는데, 그 이유는 이탈리아인들과 다른 유럽인들은 에스프레소를 카페라떼나 커피로 만든 다른 음료보다 더 좋아하기 때문에 우유를 끓일 일이 없기 때문이다. 반면 미국인들은 커피에 우유를 첨가하는 것을 좋아한다. 이 문제에 대한 해결책으로 스타벅스는 라마르조꼬 에스프레소 기계를 사용한다. 이 기계는 기존의 에스프레소 기계보다 두 배나 비싼데, 두 개의 끓임 통을 가지고 있기 때문이다(하나는 우유를 데우기 위한 것이고, 다른 하나는 물을 끓이기 위한 것이다. 따라서 우유를 데움으로써 커피를 만들기 위해 끓이는 물의 온도에 영향을 주지 않는다). 이런 이유에서 모든 스타벅스의 카페라떼는 완벽한 재료를 이용해 만들어진다. 즉 섭씨 90도, 9바의 압력에서 18에서 23초 동안 얻어진 2온스의 커피와 섭씨 71도에서 데워진

10온스의 우유를 혼합한다. 이런 기준들은 놀라울 정도로 일관성을 유지하면서 독특한 개인적 경험을 만들어 낸다.

커피를 만들어 내는 섬세함의 승리다. 그러나 이런 모든 것이 커피에만 적용되랴. 테라사와 다이스케의 〈미스터 초밥왕〉이 그렇고 허영만의 〈식객〉이 그렇고 여느 광화문 구석의 유명한 식당이 그렇다. 보통사람들이라면 그냥 그렇게 해서 먹는 음식들인데, 여기에 섬세함이 들어가면 예술의 경지에 이르고 그렇게 되면 사람들은 그것을 경험하며 감동받는다. 또한 이것은 다른 모든 산업 분야에도 적용될 것이다. 하나의 완성된 제품이나 작품을 봤을 때 보통사람은 그것을 하나의 작품으로만 보지만 전문가들은 그것이 완성되기까지 기울여진 많은 노고들이 어떻게 그 하나의 제품과 작품에 섬세하게 녹아들었는가를 본다.

문화 콘텐츠 산업에서 열정을 가지고 일하는 사람들에게도 섬세함의 미학은 발견되고 있다. 벙어리 어머니 역을 담당했던 여배우는 연기를 위해서는 구체적일 수밖에 없다고 이야기하고 있다.

아무리 작은 역할을 맡아도 제가 연기를 하기 위해서는 굉장히 구체적일 수밖에 없는 거죠. 그러니까 굉장히 구체적인 여자의 일생이라든가 상태라든가 병명이라든가 병의 원인이라든가 하는 이런 걸 찾아내야 했어요. 시나리오에는 아무런 설명이 없으니까요. 말은 못하는데 일은 다하고 있고 주변 사람들과 의사소통도 가능하고 과연 이런 병이 있는가 찾아내야 했죠. 인터넷을 뒤지고 병원도 찾아다니고 환자도 찾다가 결국 거기에 맞는 병을 찾아내서 거기에 대한 구체적인 연기를 잡아냈죠. 배우가 자기 연기에 충실하려면 시간이 아무리 많아도 부족할 정도로 찾아내야 할 것이 많죠. 자신이 직접 살아온 경험을 떠올리는 것뿐만 아니라 그 사실에 근거한 증상이라든지요. 만약에 이 여자가 정신이상이다. 그럼 왜 이 여자가 정신이상이 되었는가 하는 이 여자의 역사를 자기가 알기 위해서 정신병원을 찾아간다든지 여러 가지 샘플을 통해서 이 역할을 만들어 내는 거죠. —배우

이제 한 사람의 '커피 타기 모습'으로부터도 우리는 그 사람이 어떤 사람인지를 평가할 수 있고 그 사람의 비전

을 볼 수 있다. 그래서 창의성은 섬세함이다. 섬세하게 집중하는 태도를 가진 사람은 결국 그 안에서 새로운 세계를 보고 창조적인 결과물을 낼 수 있게 된다.

[10년 법칙과 섬세함]

흔히 창의성은 아무것도 없는 것에서 새로운 것이 솟아나오는 것으로 오해하기 쉽다. 그러나 이것은 창의성이 아니다. 창의성은 사실 '기존 것과의 새로운 결합'에서 온다. 그것이 창의성의 실체이다. 그렇다면 기존에 무엇이 있었는가를 아는 것이 무엇보다 중요하다. 하워드 가드너는 이를 '10년의 법칙'으로 정리했다. 10년의 법칙이란 어떤 한 분야에서 인내와 끈기를 가지고 10년의 노력을 쌓으면 한 분야의 전문가가 될 수 있다는 것이다. 한 분야에서의 10년은 어떤 의미인가? 한 분야라고 했을 때 우리는 흔히 과학, 수학 등 학교 과목의 하나를 떠올리기 쉽다. 그러나 이는 잘 못된 생각이다. 10년의 노력을 쌓았을 때 가장 성공 가능성이 높은 쪽은 그 분야의 범주가 좁았을 때이다. 프로이트처럼 심리학 분야에서 10년의 노력을 하여 세계

하워드 가드너(Howard Gardner, 1943-)

적인 대가가 될 수도 있다. 그러나 이는 프로이트 시대에 프로이트 같은 사람이 가능한 일이다. 이미 사회의 많은 분야가 세분화되어 있는 시점에 큰 범주의 분야를 선택하여 10년을 노력하는 사람과 특정한 좁은 분야를 선택하여 10년을 노력하는 사람 사이에는 결국 큰 차이가 날 수밖에 없다. 10년의 노력도 자신의 특화 전략을 잘 활용하여 10년의 노력을 기울여야 한다. 사실 그 분야가 좁으면 좁을수록 10년의 노력이 성공적일 가능성은 더 높다.

그러나 그 '좁은 특정 분야'를 선택한다는 것이 결코 쉽지 않다. 보통사람들은 이리저리 방황하다 이것저것 약간씩 노력하고 연구하다 결국 자신의 특정한 분야에 10년을 노력하는 것에 실패한다. 이미 그러다 보면 나이가 30대, 40대를 지나 새로운 것에 10년을 걸어 보려는 시작을 못하는 시기에 접어들기 때문이다. 물론 나이가 새로운 것의 시작을 방해할 이유는 없으나, 젊은 시절에 대한 후회는 새로운 출발을 방해하기 십상이다.

마케팅의 브랜드 전략중 제일 중요한 '지속성(consistency) 전략'이란 것이 있다. 이것은 어떤 제품의 품질이 균등하고 안정되게 평균치에 분포되는 것을 의미한다. 어떤 A제품이 아무리 제품의 평균치가 높다 해도 그것의 평균 분포가 들쭉날쭉하다면(즉 표준편차가 크다면) 제품에 대한 신뢰를 줄 수 없다. 하나의 엄청난 불량품이 전체 브랜드 이미지에 치명적 영향을 끼치기 때문이다. 반면 A제품보다는 질적 평균치가 약간 떨어지더라도 전체적으로 제품의 질이 안정적인 분포를 보이는 제품이 소비자에게는 더욱 큰 신뢰감을 주고 안정감을 주게 된다. 결국 후자의 제품이 그 지속성, 일관성 전략으로 성공하는 것이다.

사람의 창의성도 마찬가지이다. 꾸준히 한 분야를 안정되게 집중하는 사람이, 즉 어떤 목표를 향해 자신의 일상생활이 늘 그것에 맞추어져 안정되게 가는 사람이 결국은 성공한다. 사람들에게는 많은 주위의 유혹이 존재한다. 가족 간 친척 간 갈등들, 주변 친구와의 관계, 생계유지를 위한 잡다한 일들. 그러나 그런 많은 주변의 갈등들과 혼란 요소들을 자신의 목표와 합치되게 관리하고 스스로의 일상생활을 장기적인 목표에 합치시키면서 10년간 특정 분야에 노력을 기울이는 사람들은 결국 성공한다. 그것은 그 10년간 특정 분야에서의 노력이 그 특정 분야 내에서 다른 사람들이 보지 못한, 좀더 많은 섬세함이 요구되는 부분을 먼저 파악하고 이를 해결할 수 있게 하기 때문이다.

세밀함에의 몰입과 그 위력

칙센트미하이는 그의 《몰입의 경영》이란 책에서 우리 스스로가 주의를 집중하는 것으로부터 실력 발휘가 이루어진다고 말하고 있다. 그런데 일에서 풍부한 참여의식을 느낄 수 있는 방법의 하나로는 당면한 일의 구체적인 세부사항에 관심을 기울이며 완벽을 기하는 태도를 들 수 있다. 미국의 성공적인 부동산 개발 회사 창립자이자 자선사업가인 소브라토John Sobrato는 사업 성공의 비결에 대한 질문을 받자 이렇게 대답했다.

"세부 사항에 대한 철저한 관심이라고 할 수 있습니다. 저는 세부 사항에 완벽을 기하는 편입니다. 가령 우리 회사가 프로젝트를 전개하고 있다면 다른 회사보다 탁월한 결과를 내기 위해 아주 세세한 부분까지 철저히 챙깁니다. 만약에 협상을 벌이고 있다면 아주 세세한 사항까지 지겨울 정도로 완벽을 기합니다. 저는 그런 방식으로 일하는 것을 즐기거든요."

위대한 건축가 미스 반 데어 로에는 한때 "신은 세세함 속에 존재한다"라고 이야기한 바 있다. 그가 전달하고자 한 의미는 어떤 과제를 맡았든 간에 세심한 주의를 기울이면 깊은 몰입 경험을 얻을 수 있으며, 아울러 이런 상태에서 개인은 잠시나마 현실 세계와 다른 좀더 승화된 존재 영역 속에 사는 것과 같은 느낌을 가지게 된다는 것이다.

—칙센트미하이, 《몰입의 경영Good Business》 297쪽.

그래서 T자형 인재에 대한 논의도 여기서 나오는 것이라 할 수 있다. 폭넓게 공부하면서도 그것이 특정한 분야

와 연계될 때 실제 성과가 달성되고 개인의 역량도 높아질 수 있다는 것이다. 폭넓은 공부와 특수한 분야가 상호 분리될 때 노력의 성과는 적을 수밖에 없다. 그리고 궁극적인 지점은 결국 특수한 분야이다. 그리고 현대사회에서 이러한 특수한 분야는 그 폭이 점점 좁아지고 있다. 많은 직종이 생기면서 직종의 융합뿐만 아니라 분화도 동시에 나타나듯이.

융합과 분화가 동시에 발생하고 이것이 상호 관련을 갖는 것은 사회적 규칙이다. 분화가 많이 발생할수록 융합할 것도 많아지기 때문이다. 또한 융합이 일어날 때 그 융합의 목적을 달성하기 위해서라도 그 기반은 분화를 전제로 한다. 애니메이션을 예로 들어 보자. 초기 애니메이션은 원화작가와 동화작가가 분리되어 있었다. 그리고 주로 원화작가가 시나리오도 겸업하며 작업을 했다. 그러다 컴퓨터 기반 애니메이션으로 옮겨가면서 원화를 그리는 사람이 동시에 컴퓨터를 이용하여 그 원화에 색깔과 동작을 입힐 수 있게 된다. 그러면서 기술이 원화작가와 동화작가의 융합을 가져온다. 그러나 다른 한편으로 컴퓨터 애니메이션 기술은 시나리오 작업의 분리를 가속화시켜 시나리오 작업자와 원화 및 동화작가를, 그리고 컴퓨터 애니메이터들 분리시킨다. 또한 컴퓨터 애니메이터들 안에서도 캐릭터 관련 애니메이터, 동작과 관련된 애니메이터들이 또다시 분화된다. 즉 컴퓨터 기술에 의해 애니메이션의 공정이 융합되는 측면 이외에, 또 다른 측면에서는 그러한 기술적 성장이 기술 내부의 분화도 가져오는 것이다. 각각의 분야에서 자신의 전문성을 더욱 고양시킨다는 것은 그 세분화된 분야에 더욱 집중하여 더욱 세세하고 구체적인 과정을 완수한다는 의미가 된다.

섬세함의 위력은 곳곳에서 발휘된다. 리바이스(Levi's) 청바지 사례를 보면 섬세함의 또 다른 위력이 잘 드러난다. 여성들이 리바이스 매장을 방문하여 여러 가지의 바지를 입어 보고 그중 마음에 드는 것을 고른다. 그러면 매장에서는 몸에 잘 맞도록 세부적인 치수를 측정한 후 이 측정치를 데이터베이스화한다. 이러한 정보는 여성의 몸에 맞도

록 맞춤 제작된 청바지를 만드는 데 활용된다. 한 번이라도 매장을 방문한 고객이라면 재주문할 경우 전화 주문도 가능하다. 소비자와의 친밀성에 기초한 포지셔닝은 제품을 소비자의 필요에 맞추어 변화시킨다는 것 외에 다른 접근 방법들도 포함할 수 있다. 이는 개별화된 의사소통과 유통을 의미한다. 이는 하나하나의 작은 데이터가 모여 엄청난 위력을 발휘하는 사례이기도 하다. 마케팅에서도 일대일 마케팅으로 명명되어 최고의 차별화된 서비스를 제공하게 된다. 보통의 청바지 매장이었다면 이전의 관행대로 치수를 만들어 공급했을 것이다. 그러나 리바이스 사는 개인별 치수를 측정해 최적의 서비스를 하였다. 리바이스 사는 이 작업을 통해 소비자가 청바지를 주문하면 데이터 베이스에 저장된 소비자의 신체 치수에 꼭 맞는 상품을 신속하게 제공하여 일대일 마케팅을 실현하고 있다. 어찌 보면 소비자의 신체 치수를 기록한다는 것은 아주 작은 일로, 고객의 허리둘레와 다리 길이라는 숫자에 불과하다. 그러나 이런 작은 것들이 계속 모이면 리바이스 청바지의 생산 시스템을 가장 최적화된 방식으로 작동시키게 되는 것이다.

섬세함이 주는 행복

섬세함의 힘은 실제 모든 일에 집중하여 행복감을 얻고자 할 때 직접적으로 연결된다. 창조 과정은 고통스럽게 보일 수도 있으나 실제 창조적인 일을 하고 있는 사람과는 관련이 없다. 창조적인 행위 과정은 겉으로 고통스럽게 보일 수 있으나, 그것은 일을 하고 있는 사람이 아닌 그렇게 보고 생각하는 다른 사람들의 편견이다. 실제 예술가가 아니고 한 성실한 농부가 기울이는 섬세한 작업일지라도 그것은 창조적인 작업일 수 있다. 또한 창조 작업이 예술가들에게 행복이듯이 농부들에게도 행복일 수 있다.

톨스토이는 자신의 장편소설《안나 카레니나》에서 섬세함을 통한 창조 작업, 그리고 그것을 통한 행복의 경험을 놀라우리 만치 정확하게 묘사하고 있다. 부유한 지주 레빈이 자신의 농노로 일하는 티투스가 가르치는 대로 큰 낫으로 건초를 베는 요령을 습득해 가는 장면이다. 이 장면을 묘사하는 문장이 너무나 생생하여 인용해 보겠다.

"팔을 적게 흔들고 몸을 이용해 낫을 휘두르도록 해야

겠군." 그는 생각했다. 티투스가 한 줄로 길게 베어 낸 자리는 마치 선을 그은 듯 깔끔하게 보였다. 반면에 그가 베어 낸 자리는 고르지 않고 이리저리 불규칙하게 풀이 흩뿌려진 듯 보였다. [⋯]

톨스토이(Tolstoi, 1828-1910)

그는 아무 생각도 하지 않았다. 소작인들보다 뒤처지지 않으면 자신이 맡은 일에 최선을 다하고 싶다는 생각 외에는 아무런 바람도 없었다. 낫을 휘두를 때 휙 하고 나는 소리 외에는 아무 소리도 들리지 않았다. 눈 앞에서는 흐트러짐 없이 똑바로 서서 건초를 베는 티투스의 모습이 점차 멀어지고 있었다 [⋯]

레빈은 시간에 대한 모든 감각을 잃어버리고 말았다. 그때가 늦은 시각인지 이른 시각인지조차 분간할 수 없었

> 다. 그가 하던 일에도 어느덧 변화가 나타나기 시작했고, 그는 이루 말할 수 없는 만족감에 젖었다. 한창 열심히 일하고 있는 동안 이따금 자신이 무슨 일을 하는지조차 잊어버리곤 했고, 일하면서도 편안한 느낌이 찾아왔다. 그런 경험을 하는 순간에는 자신이 건초를 벤 자리가 티투스가 벤 것만큼이나 깔끔하고 부드럽게 보였다. 그러나 막상 자신이 하는 일을 머리에 떠올리며 더 잘하려는 생각이 들기 시작하자, 그 순간부터 당장 자신의 일이 얼마나 어려운 일인지 의식하게 되었다. 건초를 베고 난 자리도 형편없었다 〔…〕
>
> 무의식의 순간들이 이제는 좀더 자주 찾아왔다. 이런 때면 자신이 하는 일을 생각조차 하지 않는 게 가능해졌다. 낫이 저절로 움직여 건초를 베고 있었다. 참으로 행복한 순간들이었다.

건초 베는 아주 단순한 일 속에서 그는 최고의 섬세함을 성취하였으며 이를 통해 창조적 작품과 행복감까지 얻었다.

이것은 해외 유명작가에게서만 보이는 것이 아니다.

한국의 대표작가 최인호의 연작소설《가족》에서〈술래잡기〉란 이야기 일부를 가져와 보도록 하자.

> 그리하여 아들 녀석의 술래 차례가 되면 나는 벽장 속에 숨어 들어간다. 벽장 문을 안에서 잠그면 대낮인데도 빛 하나 새어 들어오지 않아 캄캄하며 벽에 걸린 옷들이 가득하고 개어 놓은 이불들이 등 뒤에서 푹신하다. 처음 아이들과 술래잡기를 하면서 벽장 속에 숨었을 때 나는 그 벽장 속이 의외로 편안하고 안락하다는 사실에 놀랐었다. 안에서 문을 잠그니까 벽장 안이 그처럼 캄캄해질 수 있을까 싶을 정도로 어두운 암실로 변해 버렸다. 놀랍게도 모든 소리마저 벽장으로 새어 들어오지 않아 벽장 속은 마치 진공상태처럼 조용하고 아늑했다. 그것은 내가 어른이 되어서 맛본 최초의 새로운 경험이었다. 인간의 내부에 잠재되어 있고 어머니의 자궁으로 복귀하려는 본능 때문이었는지도 모르지만 벽장 속에 숨으면 왠지 그대로 잠들거나 하루 종일 명상에 빠져도 잡념이 떠오르지 않는 것만 같았다.

아이들과의 하찮은 술래잡기 놀이로부터 작가 최인호는 성인이 되어 맛본 최초의 경험을 자세히 그리고 아주 세밀하게 서술하고 있는 것이다. 많은 사람들이 아이들과의 술래잡기 놀이를 아이들을 위해 봉사하는 '의무감의 시간'이라고 간주하지만, 최인호는 그런 술래잡기에서 자신의 몰입을 달성하고 그 느낌을 세밀하게 묘사하는 경지에까지 이른 것이다.

귀찮은 것, 약점의 대전환
-세밀함으로부터 다시 보는 창조성의 또다른 측면

이런 섬세함이 내재한 접근은 다른 한편으로 보면 관점의 대전환이기도 하다. 톨스토이의 건초 베기도 그렇고, 최인호의 술래잡기도 그렇다. 어떤 평범하고 하찮은 것을 섬세하게 바라본다는 것은 이전에 갖고 있지 못한 새로운 관점을 적용하는 것이었다. 건초 베기에서는 모든 이들에게 반복적이고 힘든 일이 최고의 몰입과 경쟁력으로 다가와 개인의 행복과 궁극적으로 건초 베기의 새로운 기술혁명을 가져왔다. 〈술래잡기〉에서도 '하찮은' 술래잡기가 인생의 묘미를 깨닫게 만드는 것이 되었다.

이러한 세밀한 접근을 통한 관점의 대전환은 실제 한 기업과 한 나라의 발전에 크게 영향을 미치게 된다. 이전에는 약점이라고 해서 무시되거나 없애야 할 것으로 간주되던 것이 섬세한 시각을 통해 새로운 국면을 맞게 되는 것이다. 여기에는 중요한 많은 예들이 있다. 한국의 정보화가 그랬다. 좁은 국토에 인구가 많이 모여 산다는 것은 최대의 약점이었지만, 이것을 잘 관찰하고 그 활용도를 보니 정보화에서는 가장 큰 효율적 인프라로 작동했다. 좁은 국토와 높은 인구 밀집 덕분에 다른 어떤 나라보다도 적은 비용으로 단기간에 초고속 정보 인프라를 구축할 수 있었던 것이다. 또한 성공한 여러 지역축제들도 그렇다. 화천의 산천어 축제는 춥기만 하여 쓸모없던 땅과 호수를 한겨울 최대의 축제장으로 만들어 자원으로 활용했다. 추위에 버려졌던 땅과 호수, 한철 쓸모없게 변하는 땅과 호수를 바라보다 거기에 새로운 관점을 적용하자마자 최대의 약점은 최대의 강점으로 변하게 되었다. 자동차 배출가스 규제도 자동차 회사들에겐 귀찮은 제약 요소 중 하나이지만 굴지의 자동차 회사들 중 혼다와 도요타 등은 이를 자신들의 경쟁력 강화 요소로 만들기 위해 기술을 집중 투입하여 새로운 마케팅에 활용한다. 다른 회사들이 자동차 성능과는 관련 없는 '귀찮은 것, 하찮은 부분'이라고 간주한 것을 성공을 판가름하는 '최대의 문제'로 만들어 자신들의 경쟁력을 부각시킨 것이다.

롱테일의 경제학에서 롱테일의 창조성으로

이런 사소한 부분을 다시 거대한 흐름으로 바꾼 것이 바로 롱테일long-tail 개념이기도 하다. 하찮은 것들이 모여 중요한 것을 초월한다는 롱테일 개념은 이제 인터넷 시대의 중요한 원칙이 되었다. 아마존Amazon에서부터 위키피디아Wikipedia 사전까지 작은 것들이 모여 나중에는 엄청난 흐름을 형성한다. 어제도 팔리고 오늘도 팔리는 베스트셀러보다는 어제도 그저께도 팔리지 않았지만 오늘은 팔리는 '인기 없는 책들'이 하나하나 모이면 베스트셀러보다도 훨씬 더 큰 파괴력을 지니게 되는 것이다. 이전에는 서점의 운영비용을 줄이기 위해 잘 팔리는 책은 서고에 꽂아 두고 팔리지 않는 책은 모두 절판시키던 것이 관행이었다. 그러나 하찮은 것, 귀찮은 것을 다시 구체적으로 들여다보면 그것은 가장 큰 이윤을 내는 거대한 자원이 된다. 단지 그것을 모아놓고 많은 사람들이 이용하게 꾸며 놓으면 된다는 간단한 생각과의 접합으로부터 롱테일의 개념이 등장하게 된 것이다. 더군다나 롱테일은 한번 자리 잡으면 그 누구도 쉽게 전복시킬 수 없는 난공불락의 요새가 된다. 원래의 약점을 보는 관점만을 바꾸어 또 다른 강점으로 전환시킨 사례처럼 하찮은 것을 모으면 거대한 힘이 된다는 것을 롱테일 개념은 거꾸로 증명하고 있는 것이다.

그러나 우리가 롱테일에서 배울 수 있는 중요한 것은 그것의 경제학적 개념만은 아니다. 아마존이나 위키피디아처럼 롱테일은 기업이 많은 이윤을 얻을 수 있다는 점에서 주목받고 있으나, 사실 그것은 서로 다른 관심들과 서로 다른 시각들이 만나면서 이루어질 수 있었던 개념이다. 아마존의 그 많은 전문 서적들이 단지 수백 권 정도에 불과하다면 무슨 일이 벌어질까. 늘 우리는 중요한 분야에서만 발군의 실력을 발휘하려 든다. 소위 인기 있는 법조계, 관계, 정계, 재계에서 명성을 쌓고 업적을 남기는 것이 인생의 가장 큰 성과라고 말한다. 그러나 이것은 사람으로부터 '롱테일의 몰입과 행복'을 빼앗아 가는 것이다. 하찮은 것, 귀찮은 것일지라도 그것에 집중하고 그것의 세밀한 부분까지 파고 들어가면서 우리는 새로운 원리와 진리들을 깨달을 수 있다. 그것은 또 다른 새로운 분야를 만들어 낸다. 당대에는 '하찮은 것'을 따라갔던 사람들이 결국 역사를 바꾼 것이다.

전화를 발명한 에디슨이 그랬고, 컴퓨터를 가지고 놀았던 빌게이츠가 그랬고, 만화책을 좋아했던 미야자키 하야오가 그랬고, 개미를 탐구하기 좋아했던 베르나르 베르베르가 그랬다. 사회의 핵심이 아닌 주변으로부터 우리는 새로운 창조성을 배태할 질료를 찾고 또 새로운 사회 발전의 동력을 찾게 되는 것이다. 요컨대 중요한 것은 '남보다 더 잘하기 위해 열심히 하는 것'보다 '남과 다르기 위해 열심히 하는 것'이 더 중요하다는 것을 깨달아야 한다. 그러다 당대에는 '다른 것'이 귀찮고 하찮아 보일지도 모른다. 그러나 진리는 거기에서 찾을 수 있다. 또한 노력과 몰입 그리고 행복이 상호 균형을 이루어 조화롭게 되는 세상도 그곳에서 찾을 수 있다. 그래서 우리는 왜 창조성이 역사

를 바꾸었고 그것이 인간에게 왜 가장 중요한 화두인가를 깊이 깨달을 수 있게 된다. ■ 유승호

야누스적 사고

패러독스와 창의성

우주의 만물을 만들고 다스리는 조물주의 창조와 피조물인 인간의 창조는 어떻게 다를까?

조물주가 무無에서 유有를 창조하였다면, 인간은 유有에서 유有를 창조한다고 할 수 있다. 조물주가 우주 만물을 만들고 다스리는 존재라면, 인간은 우주 만물에 흩어져 있는 기존旣存의 것을 가지고서 아직 존재하지 않는 '새로운 것'을 끊임없이 만들어 낸다. 인간 역시 조물주의 피조물이니 인간이 만든 '새로운 것'도 결국 조물주에 의해 만들어진 것이라는 사실을 부정할 수는 없다. 그러나 조물주가 직접 '새로운 것'을 모두 창조하는 방식을 선택하지 않고 굳이 인간의 힘을 빌린 것은, 인간에게 다른 피조물과 구별되는 창조자의 역할을 부여해 그 능력을 발휘하게끔 안배했다고 할 수 있다. 그러므로 인간은 비록 무無에서 유有를 창조할 수 있는 능력을 갖지 못하기 때문에 조물주의 능력에 미칠 수는 없겠으나, 조물주로부터 부여받은 재료와 능력을 갖고서 끊임없이 새로운 것을 만들어 냄으로써 조물주를 조력助力하고 있다.

또한 조물주가 태초의 혼돈에서 하늘과 땅, 빛과 어두움, 육지와 바다 등을 '구별'하면서 만물을 창조하였다면, 인간은 조물주에 의하여 구별된 피조물 간의 차이를 연결하고 조화시키면서 창조적 활동을 한다. 태초의 혼돈은 인간이 보기에 아무런 실체도 존재하지 않는 '무無'의 상태이지만, 조물주가 보기에는 모든 실체가 혼재하는 상태이다. 이렇게 마구 뒤섞여 있어 인간이 보기에 갈피를 잡을 수 없는 상태에서 조물주는 우주 만물을 창조하기 위하여 모든 것들을 떼어내고 갈라놓는 일을 하였다. 만약에 조물주가 이러한 일을 하지 않았더라면 인간도 존재하지 않았겠지만, 또한 인간만이 구별되는 실체로 존재하고 나머지는 태초의 혼돈을 유지하였더라면 인간은 지금과 같은 창조 활동을 할 수 없었을 것이다. 모든 것이 동시에 존재하며 나름대로 조화를 이루고 있을 상태를 인간은 아무것도 존재하지 않는다고 생각했을 것이다. 인간은 조물주의 도움으로 깔끔하게 구별된 기존의 것들을 재료로 새로운 것을 만들어 낸다. 그런데 여기에 함정이 존재한다. 조물주가 구별하여 놓은 것들을 눈에 보이는 대로 믿으며 서로 무관한 것이라고 여기면 인간은 창조 활동의 기회를 놓치게 된다. 인간의 창조는 조물주의 창조와는 반대 방향에서 출발한다. 즉 모든 것들은 태초의 혼돈에서 유래한 것이어서 근본적으로는 서로 연관되어 있다는 점을 믿고 끊임없이 무관해 보이는 것들을 이어보고 합쳐 보려고 노력할 때에 창조의 기쁨을 맛보게 될 것이다.

인간의 창의성이란 이미 존재하고 있는 이질적 요소들을 연관시키고 통합하여 문제 해결을 위한 새로운 가치를 생성하는 것이라고 할 수 있다. 기독교적 세계관에 따르면, 조물주는 자신의 형상대로 인간을 창조하였다. 즉 인성人性은 신성神性에서 유래한다는 것이다. 인간이 갖고 있는 특성 중에서 조물주의 신성에 가장 근접하여 있는 것은 무엇일까? 그것은 아마도 창의성일 것이다. 비록 조물주처럼 존재하지 않는 것으로부터 어떠한 존재를 창조해 낼 수는 없지만 인간은 창의성을 통하여 기존 존재들의 구분을 누비고 가로지르며 끊임없이 새로운 가치를 만들어

냘수 있다.

링클레이터Richard Linklater 감독의 영화 〈비포 선라이즈Before Sunrise〉(1995) 에서 여자 주인공 셀린느는 남자 주인공 제시에게 이런 말을 하였다.

> 난 신이 존재한다고 믿지 않는다. 그러나 만약 신이 존재한다면 아마도 너나 나에게 존재하는 것이 아니라 너와 나 사이에 존재할 것 같다.

왜 무신론자인 셀린느가 신이 '너'와 '나'의 안에 존재하는 것이 아니라 '너와 나 사이'에 존재할 것이라고 하였을까? 너와 나의 차이를 인식하지만 이러한 차이를 넘나들면서 소통과 조화를 추구할 때에 발생하는 강력한 창의성의 에너지를 느끼고 이를 신성神性에 비유하지 않았을까? 너와 나의 차이에서 조물주 창조의 흔적을 발견하는 동시에, 차이를 연관시키는 순간에 발산하는 인간의 창의적 기운을 느낄 수 있지 않았을까?

IT, BT, NT 등 거대 산업이 창조적으로 융합될 퓨전 테크놀러지(FT) 시대의 도래로 반도체 사업은 과거보다 더 큰 기회를 맞이할 것이며, FT 시대가 본격 도래할 머지않은 미래에는 전 세계 65억 인류 하나하나가 타깃 시장이 될 것이다. —황창규 삼성전자반도체 총괄사장, 《이데일리》(2006.12.13)

앞으로 우리가 전적으로 매달려야 할 특성 있는 기술 분야는 정보통신(IT), 바이오(BT), 나노(NT) 등이 복합된 IBNT입니다. 이 같은 융합적인 퓨전 테크놀로지에 초점을 맞춰야 차별성을 창출해 낼 수 있을 것입니다. —김우식 부총리 겸 과학기술부 장관, 《디지털타임스》(2006.6.29)

21세기 특징 중의 하나가 퓨전, 즉 융합작용이다. 문화와 예술, 그리고 우리의 일상생활 전반에서 형식 파괴, 장르 파괴, 이른바 퓨전의 물결이 새로운 흐름으로 자리잡고 있다. 예를 들어 국악과 팝, 클래식으로 나뉘던 기존 틀을 여지없이 깨 버리는 퓨전 현상이 음악계의 새 물결로 부상하고 있다. 〔…〕 미술계도 마찬가지다. 젊은 작가들 사이에는 컴퓨터가 본격적인 표현수단으로 자리 잡고 있다. 화면의 합성과 프린팅, 스캐닝 등 컴퓨터 기술을 제작 과정에 활용한 작품이 선보이고 있다. 〔…〕 따라서 전통과 현대, 동양과 서양, 고급예술과 저급 대중예술이라는 선긋기는 더 이상 의미를 갖지 못하고 있다. —권오문, 《디지털 문화읽기》, 새미(2001)

차이를 구성하는 다양한 상황 중에서 이질적 요소들이 서로 대립하고 충돌하는 경우를 갈등葛藤이라고 한다. 갈등이란 원래 줄기가 다른 물체의 왼쪽으로 감아 올라가는 성질을 갖고 있는 '칡葛'과 오른쪽으로 감아 올라가는 식물인 '등나무藤'가 함께 자라서 까다롭게 뒤엉켜 있는 상태를 나타내는 말이다. 갈등은 한편으로 차이를 원천으로 삼는 창조적 활동에서 인간이 부딪히게 되는 가장 어려운 상황 중 하나라고 할 수 있다. 왜냐하면 이러한 갈등 상황을 인식하면서 인간은 까다롭게 뒤엉켜서 불편함을 야기하는 '인지부조화(cognitive dissonance)'를 경험하기 때문이다. 그러나 다른 한편으로 인지부조화 속에서 갈등을

야기하는 요소들의 병존을 인내하고 요소들 간의 조화를 추구하는 것은, 조물주가 구별한 모든 사물을 연결시키고 통합하고자 하는 인간의 창의적 활동을 위하여 반드시 거쳐야 할 관문이라고 하겠다. 조물주가 구별한 대로 우주 만물을 기계적으로 인식하면 인지부조화의 불편함은 겪지 않겠으나, 불행히도 창의적 활동의 기회도 함께 잃게 된다.

페스팅거
(Leon Festinger, 1919-1989)

인지부조화란 인지의 일관성을 유지하려는 인간 심리의 기본 속성에 관한 개념이다. 즉 인간은 대상 세계에 대하여 가지는 태도, 사상, 신념, 행위들 간에 일관성을 유지하려는 경향을 갖고 있는데, 상충적인 경향성 간의 갈등으로 인하여 일관성을 확보하지 못한 상태를 인지부조화라고 부른다. 1957년 페스팅거[Leon Festinger]에 의해 처음 제안된 '인지부조화 이론'에 따르면, 인간은 여러 가지를 알고자 할 때에 이들이 처음부터 끝까지 한결같다는 성질을 발견하고자 추구하는 경향을 갖는다. 즉 인간이 알고자 하는 두 가지 요소가 서로 갈등을 일으키게 되면 인간은 심리적 불편을 느끼고 어떠한 형태의 노력을 기울이든지 갈등이 없는 심리적 균형의 상태로 돌아오고자 노력한다. 인간은 이러한 상황에서 크게 두 가지 대처 방식을 보이는데, 첫 번째는 상충적인 요소 간의 갈등으로 인하여 심리적으로 견디기 어려운 상황을 딜레마dilemma 상황으로 인식하고 대처하는 방식이며 두 번째는 패러독스paradox 상황으로 이해하고 대처하는 방식이다.

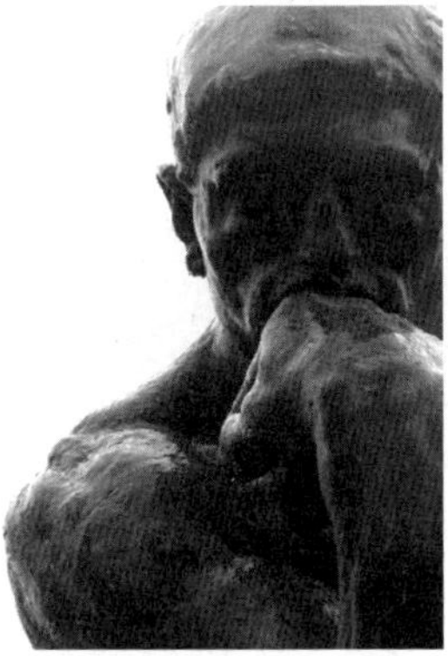

딜레마 방식은 갈등을 구성하는 한 요소와 또 다른 요소 중에서 어느 하나를 선택하고 다른 요소를 버림으로써 인지부조화의 불편함으로부터 벗어나고자 하는 것이다. '물놀이를 갔다가 어머니와 아내가 동시에 물에 빠졌는데, 넌 누구를 구할래?'라는 물음에 '난 어머니를 구할래' 혹은 '아내를 구할래'라고 응답하였다면 이는 딜레마적 방식이다. 두 요소의 가치가 비등比等하여 어느 한 요소를 선택하는 것이 매우 곤혹스러운 일이지만 그래도 반드시 한 요소를 골라야 한다고 믿는 것이 딜레마적 관점이다. 그러므로 딜레마의 본질적인 특성은 상충적인 요소 중에서 보다 적합하다고 판단되는 어느 한 요소를 선택하고 다른 요소를 포기한다는 양자택일적 관점이다. 이러한 방식으로 갈등의 불편함에서 풀려날 수는 있겠지만 선택에서 제외된 요소를 배제시킴으로써 발생하는 손실을 피할 수는 없게 된다. 또한 상충적인 요소를 아우를 때에 발생할 수 있는 창조의 가능성을 잃게 된다.

딜레마적 관점은 서구의 전통적인 '합리성(rationality)' 개념에 기초를 두고 있다. 합리성의 세계에서는 모든 대상들이 일관성 또는 비일관성, 진실 또는 거짓, 존재 또는 비존재, 선 또는 악 등과 같이 이분법적인 상태로 환원된다. 그리고 현실을 이해하기 위하여 상호 대립적인 두 가지 요소 중에서 어느 한 가지가 선택된다. 그러므로 갈등을 초래하는 두 가지 대립적인 요소들이 공존할 여지가 전혀 없으며, 양자택일이라는 관점에서 하나의 극이 다른 극을 배제하고 선택된다. 딜레마적 관점에서 하나의 대상은 'A'나 'not A'가 될 수 있지만(either A or not A) 둘 다(both A and not A)나 중간(middle)이 될 수는 없게 된다. 이러한 딜레마적 관점에 따라 양자택일과 흑백논리로 세계를 본다면 어떠한 대상을 온전하게 이해하고 활용하기 어려울 것이다. 이질적인 요소들을 자유롭고 치열하게 넘나들며 기발한 결합을 통하여 새로운 가치를 창출하는 창의성을 기대하기는 어렵다.

반면에 패러독스의 관점에서 갈등의 상황에 대처한다는 것은 대립하면서 양자택일을 강요하고 있는 것처럼 보이는 요소들도 동시에 병존할 수 있다고 보는 방식을 말한다. 비록 요소들이 상충하지만 어느 한 요소를 선택하여 다른 요소를 포기하지 않고 대립적인 요소 간의 공존과 조화를 추구한다.

패러독스의 어원은 'paradoxos', 즉 '기대와 반대되다(contrary to expectation)'라는 의미이다. 패러독스는 크게 두 가지 사전적 의미를 갖는다. 첫 번째는 '상식에 어긋나지만 사실은 옳은 명제'라는 의미가 있다. 'A'와 'not A'가 공존한다는 것이 일견 상식에 어긋난 것 같지만, 빛과 어두움이 병존하고 음양이 동시에 존재하면서 조화를 이루고 젊음과 늙음이 항상 함께 있듯이 상호 대립적인 요소들은 공존한다는 것은 사실이다. 두 번째 의미는 '상호 배타적인 요소들이 긴장관계를 유지하면서 동시에 존재하고 동등하게 작동하는 상태'를 말한다. 패러독스적 관점은 갈등의 심리적 불편 상태에서 무조건적으로 탈피하려고 노력하기보다는 오히려 부조화 속에서 새로운 균형과 조화를 시도하여 활력을 개척하고자 한다. 이로 인하여 인지 부조화가 초래하는 긴장과 불확실성을 감내해야 하지만, '구별'과 '차이'를 아우르며 유연한 가치를 추구하는 융합의 폭발적 에너지를 축적하게 된다.

패러독스적 관점은 동양의 음양론陰陽論적 세계관과 맥을 같이한다. 음양론은 세계가 음과 양의 역동적인 긴장을 내포한다고 보았다. 양이 분열과 경쟁의 성질을 가지고 있다면 음은 통합과 협력의 성질을 가지고 있다. 그러나 대립적인 두 힘인 음과 양은 상호의존적이다. 음은 양 속의 음이라야 진정한 음이 되고, 양은 음 속의 양이라야 진정한 양이 된다. 따라서 분열과 통합, 경쟁과 협력의 두 가지 대립적 경향성들이 서로 침투하고 융합되어 전체적으로 세계의 조화를 구성한다고 본다.

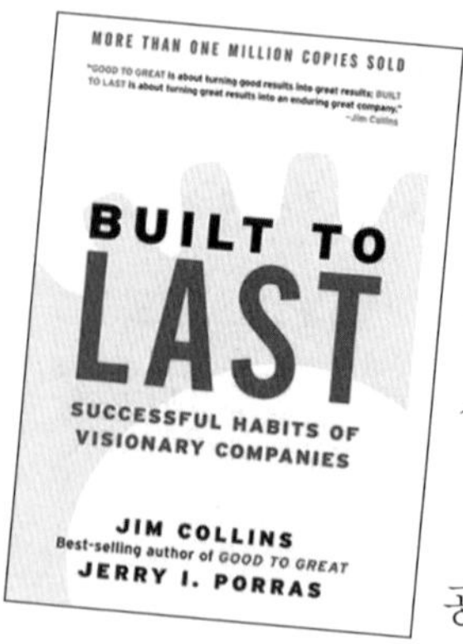

콜린스J. Collins와 포라스J. I. Porras는 《성공하는 기업들의 8가지 습관Built to Last》

(1994)이란 저서에서 '업종 내에서 다른 동종 회사들에게 널리 인정받고 주위에 큰 영향을 끼치며 오랜 전통을 가진 우수한 조직'을 '비전 기업(visionary company)'이라고 정의하고, 이들 기업들의 중요한 일면을 상징하기 위하여 음양론陰陽論의 태극 문양을 제시하였다.

비전 기업이 아닌 기업들은 서로 상반된 두 개의 힘이나 사상은 동시에 존재할 수 없다는 양자택일의 관점에 사로잡혀 있었다. '양자택일'적 관점은 '변화 아니면 안정', '신중한 전략 아니면 과감한 전략', '낮은 비용 아니면 높은 품질', '장기적 투자 아니면 단기적 수익', '치밀한 계획

비전 기업의 음양론적 관점(Collins & Porras, 1994)

에 의한 성장 아니면 행운에 의한 성장', '주주를 위한 이윤 극대화 아니면 인류를 위한 봉사', '가치를 추구하는 이상주의 아니면 이익을 추구하는 실리주의' 중 하나를 선택하라는 흑백논리를 스스로에게 강요하였다.

반면에 비전 기업들은 음양론의 관점과 마찬가지로 모순적 가치 가운데 어느 하나를 선택해야 하는 것으로 인식하지 않고 동시에 추구하거나 서로 조화, 화해, 융합되어야 하는 것으로 보았다. 장기적인 면에서뿐만 아니라 단기적인 면에서도 유익한 방법을 찾고자 하였고, 높은 이상과 이익을 동시에 추구하였으며, 기업의 핵심 이념을 보존하면서 동시에 활기찬 변화와 개혁을 추진하였다. 즉 비전 기업은 음과 양을 뚜렷이 구분하여 이를 공존시키고자 한다.

패러독스적 관점의 정립은 현대 물리학 이론의 발전에 힘입은 바 크다. 1929년 노벨 물리학상을 받은 프랑스의 이론 물리학자 드 브로이Louis Victor de Broglie는 자연계에 존재하는 모든 기본요소가 '입자粒子'인 동시에 '파동波動'의 성질을 가지고 있다고 주장하였다. 입자는 물질을 구성하는 미세한 크기의 물체를 말하고, 파동은 공간이나 물

드 브로이(Louis de Broglie, 1892-1987)

질의 한 부분에서 생긴 주기적인 진동이 시간의 흐름에 따라 주위로 멀리 퍼져 나가는 현상을 의미한다. 드 브로이 이전까지는 입자와 파동은 서로 별개의 존재라고 여겨졌다. 그래서 만약에 어떠한 대상이 입자라고 한다면 파동이 될 수 없으며, 파동이라면 입자는 아니라고 생각하였다. 육안으로 볼 때에도 입자는 입자로 파동은 파동으로 보이지만, '입자이면서 동시에 파동인 것'을 확인할 수는 없었다. 그러나 이후의 연구에서 원자와 같은 작은 물질의 속을 들여다보면, 입자라고 생각하던 전자가 원자 사이를 지나갈 때 파동처럼 행동하는 모습을 발견하게 되었다.

빛도 입자와 파동의 이중성을 갖는다. 빛이 입자인지 파동인지에 대해 20세기 이전까지 많은 논란이 있었지만 대체로 파동인 것으로 결론이 지어지고 있었다. 그러나 20세기 이후에 아인슈타인은 실험을 통하여 빛이 분명히 입자라는 것을 보였다. 어떤 실험을 하면 빛은 분명히 파동인데 다른 실험을 하면 분명히 입자인 상황이 발생한 것이다. 즉 빛은 입자의 성질을 보일 수도 있고 파동의 성질을 보일 수도 있다. 이러한 일련의 물리학적 연구 결과로 상충적이고 대립적인 요소들이 병존과 조화를 이루고 있는 패러독스 개념은 추상적인 차원에서만 존재하는 것이 아니라 실제로 현실 세계의 존재 방식인 것이 확인되었다. 전통적인 합리성 개념에 기초하여 딜레마적인 관점으로 세계를 바라본다면 기계적이고 단선적으로 구분되어 있는 대상 사이에 존재하는 긴장 관계를 이해할 수 없을 것이며 창의성으로부터 점점 더 멀어지게 될 것이다.

창의적인 사람은 패러독스적 관점에 입각하여 '야누스적 사고(janusian thinking)'를 한다. 아인슈타인, 모차르트, 피카소 등 저명한 과학자와 예술가 58명을 조사한 한 연구결과에 따르면, 이들은 둘 혹은 그 이상의 서로 모순되는 요인들을 동시에 생각하고 이를 뛰어넘는 야누스적 사고를 함으로써 훌륭한 업적을 남겼다. 야누스적 사고란 "두 개 이상의 대립적인 개념이나 아이디어, 이미지를 동시에 이해하고 이용할 수 있는 능력", 즉 패러독스적인 사고이다.

야누스는 로마신화에 등장하는 문門의 수호신이다. 문으로 된 경계선을 지키거나 문을 여는 신이며, 양쪽으로 사람이 통과하는 문을 지키기 위하여 들어오는 쪽과 나가는 쪽을 동시에 볼 수 있도록 두 개의 얼굴을 갖고 있다고 여겨졌다.

일반적으로 '야누스의 얼굴'이란 표현은 이중적인 사람, 신뢰할 수 없는 사람, 겉 다르고 속 다른 사람의 경우를 빗대어 부정적으로 쓰이지만, 원래 로마신화에서 야누스는 문이 시작을 의미한다는 점에서 모든 사물과 계절의 시초를 주관하는 신으로 숭배되었다. 그래서 새해의 시작인 1월을

신화 속의 야누스

뜻하는 영어의 'January'는 '야누스의 달'을 뜻하는 라틴어 '야누아리우스Ianuarius'에서 유래하였다. 전통적인 합리성에 기초한 딜레마적 관점에서 부정적인 이미지로 비추어진 '야누스의 얼굴'이 패러독스적인 관점에서는 창의적인 세계로 들어가는 관문이 된 셈이다.

창의적 사고는 야누스와 같이 두 개의 얼굴을 갖는다. 첫 번째 얼굴은 확산적 사고이고, 두 번째 얼굴은 수렴적 사고이다. 확산적 사고는 사고의 방향을 다양하게 변화시키며 끊임없이 여러 가지를 생각하는 것이다. 이는 대안을 생성할 때에 작동되는 사고로서 여러 가지 대안이 생성될 때까지 판단을 유보하며 질質에는 관계없이 가능한 많은 양量의 아이디어가 생성될 수 있도록 하는 판단 지연의 원리가 적용된다. 반면에 수렴적 사고는 일정한 방향으로 생각을 진행시키면서 최적의 해답을 추구하는, 아이디어를 분석하고 다듬고 선택하는 사고이다. 이는 대안을 선택하거나 마련해야 할 때에 작동되는 사고로서 문제 해결을 위해 제시되는 대안이 적합한지를 긍정적으로 판단하는 사고이다.

예전에는 확산적 사고가 창의적인 사고를 대변하며 수

렴적 사고가 창의적인 사고를 억제한다고 생각하였다. 그러나 수렴적 사고가 없는 창의적 사고는 현실화되기 어렵다. 일방적으로 사고를 확산하기만 하는 것은 창의적인 사고로 보기 어렵다. 확산적 사고와 수렴적 사고는 상호 대립적인 개념이지만, 창의적 사고는 이 두 가지 사고방식의 공존과 조화를 필요로 하고 이들이 적절하게 통합될 때에 이루어질 수 있다.

창의적인 사람들은 확산적 사고와 수렴적 사고를 동시에 한다. 다양한 상황의 양극단을 달리면서 양극단의 대립이 불러오는 부조화에 연연하지 않고 똑같은 강도로 두 가지를 모두 경험한다. 일반적으로 이러한 상충적인 특성은 인성人性 안에 모두 내재되지만 보통사람들은 성장과정 중에 한쪽으로 기울어지도록 훈련을 받는다. 예를 들어서 어떤 사람은 공격적이고 경쟁적인 성향을 발전시켜 남을 배려하고 협조하는 성향은 무시되거나 억압하면서 자란다. 그러나 창의적인 사람은 상황에 따라 공격적이거나 협조적인 성향을 보일 수 있다. 이러한 패러독스적 태도를 통하여 창의성의 잠재력을 확대하여 나간다.

칙센트미하이(2003)는 창의적인 사람들의 대표적인

성향으로 서로 반대되는 특성들을 동시에 갖고 있다는 점을 들고 있다. 창의적인 사람들은 활기차고 의욕적인 분위기로 오랜 시간을 몰두하면서 일하지만 동시에 자주 휴식을 취하고 게으름이나 명상 뒤에 찾아오는 활력을 매우 중시한다. 또한 장난스럽고 가벼운 태도가 창의적인 사람들에게 나타나는 일반적인 특징이지만 그와 반대로 끈질김과 인내심, 그리고 집요함을 보인다. 뛰어난 창의성을 보이는 사람들은 한편으로 풍부한 상상력을 갖고 있지만 다른 한편으로 현실에 철저하게 뿌리박은 의식을 소유한다. 이러한 사람들은 매우 겸손하지만 동시에 자존심이 아주 강하다. 창의적인 사람들은 문화적 혹은 학문적 영역의 규칙을 자기 것으로 완전하게 소화하기 위하여 전통주의적인 성향을 보이지만 과거에 내려진 평가에 끊임없이 도전하고 기존의 영역을 변화시키기 위한 모험을 불사한다. 또한 자신의 일에 대해 애착을 갖고 있지만 동시에 초연함을 잃지 않고

칙센트미하이
(Mihaly Csikszentmihalyi, 1934-)

객관적으로 자신의 일을 바라볼 수 있다.

창의성을 핵심적인 특징으로 삼는 문화산업 종사자들의 작업 방식을 살펴보아도 패러독스적인 모습이 발견된다. 한 게임 제작업체 대표는 게임 개발을 할 때 가장 중요하게 생각하는 부분이 참신성과 완성도라고 밝히면서 아래와 같이 말하고 있다.

> 저희는 그 두 가지는 놓치고 싶지 않아요. 그 두 목표는 굉장히 상충되는 측면이 있어요. 저희는 완성도를 높이는 것보다는 새로운 것을 만드는 데 집중을 하는데, 저희 같은 저예산 회사의 작업은 저예산 영화랑 비슷하죠. 저희 색깔을 잃지 않으면서 완성도를 잃지 않는 선에서…
>
> —게임 제작업체 대표

창의성의 본질은 패러독스이다. 상충적인 요소들 중에서 한 요소를 선택하기 위하여 다른 요소를 포기해야 하는 딜레마적 관점은 필연적으로 한 요소의 포기에 따른 손실을 가져오지만, 상충적인 요소 간의 공존과 조화로운 긴장을 추구하는 패러독스적 관점은 한 요소의 포기에 따른 손실을 막을 수 있다. 더욱이 상충적인 요소 간의 결합과 조화는 새로운 가치를 생성하는 창의성의 지평을 열어젖힌다. 그러나 대립적인 요소들이 공존한다고 해서 대충 얼버무린 타협이나 어정쩡한 평균의 개념을 지칭하지 않는다. 패러독스는 양극 사이의 중간 지점 어딘가에 위치한다는 의미가 아니다. 서로 대립하는 음양의 조화가 음양의 단순한 혼합이 아니듯이, 참신성과 완성도의 동시 추구가 두 요소 사이의 어중간한 상태를 의미하지 않는 것과 같다. 오히려 서로 충돌하고 있는 요소들이 긴장 속의 조화를 통하여 각자의 의미를 보다 강화시킨 상태에서 공존한다.

다음의 그림(77쪽)은 상충적인 요소인 A와 B를 바라보는 딜레마적 관점, 타협적 관점, 패러독스적 관점의 차이를 보이고 있다. (가)와 같이 딜레마적 관점은 양자택일이라는 양극兩極의 이분법에서 하나의 극이 다른 극을 배제하고 선택되는 것을 말한다. 이러한 관점에서 상충적인 두 요소인 A와 B 중에서 어느 한 가지 요소를 추구할 수 있지만 둘 다 추구하거나 중간을 추구할 수는 없다. (나)와 같이 타협적 관점 혹은 평균적 관점은 상충적인 두 요소를 하나의 연속선상에 양극단이라고 보는 것으로, 연속선은 A와 B라는 두 경향의 갈등을 단일차원으로 표현한 것이다. 타협적 관점의 이러한 수정은 정도degree의 개념을 허용하지만 여전히 대립적인 요소를 서로 분리된 양극으로 다루고 있다. 이러한 경우에는 몇 가지 형태의 타협들을 통해 상충적인 요소 간의 갈등을 해소하고자 시도하지만, 타협이 A와 B의 혼합이기 때문에 대립적 경향이 온전히 공존하고 있다고 할 수는 없다. 패러독스적 관점은 (다)에서 보듯이 상충적인 요소인 A와 B를

상충적인 요소 A와 B에 관한 세 가지 관점

(가) 딜레마적 관점

(나) 타협적 관점

(다) 패러독스적 관점

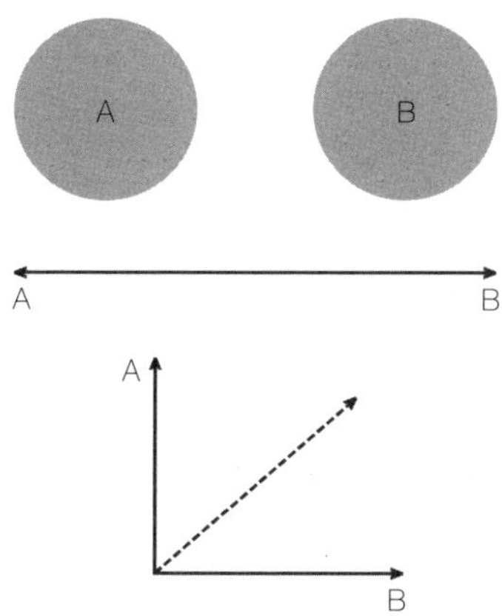

자료: 윤세준(1997) 수정

독립적인 축으로 놓고 보았을 때에 하나의 체계 내에서 대립적인 경향들의 양극단을 동시에 포함하여 발전시키는 것이라고 할 수 있다.

인지부조화 상황에서 벗어나기 위하여 양자택일적인 관점을 취하지 않는다는 것은 일상적인 상식에 어긋난 태도일 수 있지만, 마치 공중에 놓인 외줄을 걷듯이 혹은 살얼음 위를 걷듯이, 상호 충돌하는 가치관 사이에서 팽팽한 균형을 찾으며 조화로운 인지부조화를 추구한다는 것은 오히려 창의성을 구현하기 위한 필수적 태도라고 할 수 있다. ■ 이상민

● 참고문헌 ●

다카하시 마코토 편저. 조경덕 옮김.《창조력 사전》. 매일경제신문사. 2003.

미하이 칙센트미하이. 노혜숙 옮김.《창의성의 즐거움》. 북로드. 2003.

신유근.《조직행위론》. 다산출판사. 1993.

윤세준. 〈모순관리 : 개념적 틀과 실현조건〉, 《연세경영연구》 제34권 제1호. 1997.

이상민.《뉴패러다임과 역설경영에 관한 탐색적 연구》. 한국노동연구원 부설 뉴패러다임센터. 2007.

정명호.《패러독스와 경영》. 21세기북스. 1997.

홍숙영.《창의력이 배불린 코끼리》. 내하출판사. 2006.

Gollins, J. & Porras, J. I. *Built to Last: Successful Habits of visionary Comparnies*. New York : Harper Business. 1994 ; 워튼포럼 옮김.《성공하는 기업들의 8가지 습관》. 김영사. 1996.

T.H.A.N.K.S.

'고마움'의 창출과 창의성

2006년 해외에서 개봉한 영화 중에 〈이디오크러시Idiocracy〉란 영화가 있다. 결론부터 이야기하자면, 창의력을 상실한 암울한 인류의 미래를 그린 블랙코미디 영화인데, 지능지수가 높은 사람은 가족계획에 집중하고, 가리는 것이 많다 보니 후손 남기는 일을 상대적으로 등한시하게 되고, 그에 따라 지능지수가 낮은 사람들만이 형이하학적인 일에 집중하게 되어 500년 뒤 인류의 지능지수가 현저하게 떨어지게 된다는 해프닝을 담은 영화이다. 물론 과장이 상당히 심한 영화이기는 하지만, 한편으로는 시사하는 바가 많았던, 개인적으로는 매우 와 닿았던 영화였던 것 같다. 우리의 창의성이 사라지고, 단순하고 즉흥적인 일에만 집중할 경우 어떠한 미래가 도래할 수 있을지를 보여 주었기 때문이다. 이 영화는 우리가 발휘하는 창의

력과 현재의 노력이 현재뿐 아니라 발전 지속 가능한 미래를 만들어 가는 데에 반드시 필요한 요소라는 것을 강조하여 보여 주고 있다.

이러한 면에서 창의성은 우리가 잊고 지냈던, 아니면 앞으로 자칫하면 인식 못할지 모르는 '고마움'을 창출해 내는 작업과 관련이 있다고 할 수 있다. 현재와는 다른 무엇인가를 끊임없이 만들어 내는 작업은 나와 내 가족, 친구들뿐 아니라 그 혜택을 직간접적으로 입게 될 다가올 세대들에게 고마운 '우리의 미래'를 만들어 내는 작업이 되기 때문이다. 지금 옆을 둘러보라. 누군가의 노력으로 사회는 돌아가고 있고, 이러한 상황은 누군가에게 빚을 지고 있다는 미안한 감정을 느끼게 한다(I.O.U). 누군가의 노력으로 우리는 밤에도 불을 밝힐 수 있으며, 힘들고 지쳤을 때 '개콘'을 보며 휴식을 취할 수 있고, 냉장고에서 시원한 물을 꺼내 마실 수 있기 때문이다. 따라서 창의성은 고마움이라고 정의를 해 본다(Thanks, Creativity!). 사회적 동물로서 우리가 시스템을 구성하고, 역할 분담을 하는 범위에서 내가 신세를 지고, 누군가에게 덕을 보았다는 사실을 상기하고, 앞으로 우리의 후손들에게도 값진 미래를 약속할 수 있으니 말이다.

덴마크의 미래학자 롤프 옌센은 미래의 사회는 꿈와 감성을 파는 사회, '꿈의 사회Dream Society'가 될 것이라고 예견한 바 있다. 그러한 시대에는 창의적인 존재가 요구될 것이고 미국의 학자 플로리다의 말대로 창의적인 계급(Creative Class)이 새로운 주류 세력으로 떠오르게 된다. 사회를 진일보시키고, 끌어가는 동력은 이러한 사람들이다.

롤프 옌센(Rolf Jensen, 1942-)

그런 의미에서 우리가 고마워할 인재를 만들어 내기 위해서는 무엇이 필요할까. 결국은 우리 자신의 창의성을 극대화하는 방향으로 사회가 변화해야 하며, 창의성을 가진 인재들이 많이 출현할 수 있도록 유기적인 시스템 내에서 많은 노력들과 협력이 필요할 것이다.

또 이러한 사회의 실현을 위해 필요한 것들은 무엇일까. 다양한 요소들이 관련되겠지만, 창의적인 인재들이 배출될 수 있는 환경 조성과 관련하여 몇 가지를 추려 보았다. 다분히 의도적이긴 하지만, 정리하다 보니 고마움(Thanks!)이 너무 커서 알파벳별로 그 조건들이 정렬되어지는 것도 고마운 결과라고 하겠다.

[T : 남과는 다른 생각, 능동적인 추진력 Think differently and Do actively]

예전 모 통신업체의 광고 카피를 살펴보면 '나는 다르다'라는 메시지를 계속해서 강조했다. 누군가와는 다른 생각. 특별함. 창의성은 이런 생각에서 출발한다고 할 수 있다. 그리고 남과는 다른 생각과 더불어 이를 실천으로 옮기고 능동적으로 실행하는 작업이 필요하다.

특히 최근의 콘텐츠를 향유하는 젊은 세대들에게서 바로 이런 특징이 나타난다. 조용한 아침의 나라의 점잖은 선비 이미지가 과거의 이미지였다면, 광화문 네거리 월드컵 경기를 보며 환호하던 붉은 악마의 역동성이 젊은 이미지로 변화된 증거이다. 그리고 이러한 특징들은 자신의 의견을 자신 있게 표출할 수 있도록 도와 준 IT 기반 플랫폼의 발전과도 무관하지 않다. '다이나믹 코리아[Dynamic]

Korea'는 이러한 측면에서 매우 고무적이다. 하지만 창의력이 뒷받침되지 않는 역동성은 위험할 수밖에 없다.

그러한 면에서 글로벌 스타로 떠오르고 있는 비의 경우는 매우 고무적이다. 이론적으로 볼 때 문화적 할인*의 특성을 감안한다면, 동양인으로서 다른 문화권인 서양에서 인기를 얻는다는 것은 매우 어려운 일인데, 비의 경우는 그 한계와 국수주의를 넘어서 문화 교류와 아시아계를 이끄는 리더로서의 이미지를 부각시켜 월드스타로 거듭나고 있다. 남과는 다른 생각과 추진력을 바탕으로 한 적극적인 문화 마케팅 전략의 성공이라고 할 수 있는데, 이는 언어와 피부색 등의 한계를 뛰어넘는 역발상적인 전략이기 때문이다. 실제, 2006년 12월 미국 라스베이거스 시저스 펠리스 호텔에 있는 콜로세움에서 '비'의 월드투어 〈Rain's Coming 06/07 World Tour in Lasvegas〉가 전회 매진이라는 기록을 세우며 호평을 받은 바 있다는 사실은 남과는 다른 생각과 도전이 성공적인 결과를 낳는 성과라고 할 수 있다. 문화의 불모지라고 여겨지는 한국의 이미지

* 문화적 할인(cultural discount)이란 하나의 문화 산물이 다른 문화권에서 소비될 때 일정한 할인을 발생시킨다는 개념이다. 문화적 할인을 일으키는 요소는 언어, 생활습관, 배경이 되는 공간 등 다양하다.

를 바꾸는 것은 이러한 창의성에 기인한다. '우리가 과연 될까'에서 '이런 식의 시도라면 세계시장에서 통할 거야'라는 아이디어 하나가 의식을 바꾸어 놓기 때문이다.

최근 우리나라에서 공연산업이 각광을 받고, 무대공연이 한류를 이끌 선봉장으로 관심을 집중시키고 있는데, 이와 관련하여 특히 범문화적 가치를 가지는 넌버벌 바디 콘텐츠Nonverbal Body Contents도 창의적인 도전이라고 할 수 있다.

스타급 비보이인 '팝핀현준'을 비롯해 '익스프레션', '라스트 포 원' 등 유명 비보이 팀들은 실제 인기 스타로 떠오르고 있어 이러한 가능성을 뒷받침한다. 〈비보이를 사랑한 발레리나〉, 〈마리오네트〉 등의 공연도 연장공연 요청을 받을 정도로 큰 인기를 누리고 있다. 이는 기존의 공연 스타일을 깨고, '난타'라는 넌버벌 공연 콘텐츠를 개발한 흐름에서 이해될 수 있으며, 한국인 특유의 역동성과 결합하여 성공적인 계보를 이루어 가고 있다고 하겠다.

이런 추세에 발맞춰 한국관광공사에서는 비보이의 국외 마케팅에 전폭적 지원을 하기로 약속하였으며, 4-5개 비보이 공연 작품을 선정, 제작 단계부터 참여해 국내보다 국외 공연에 주력할 수 있도록 국외 프로모션까지 지원

한다는 계획을 발표하기도 하였다. 창의적인 전략을 확대하여 비보이들을 공연에 접목해 '난타'와 '점프'를 잇는 한국의 문화상품으로 육성한다는 계획이다.

이 외에도 앞에 언급한 태권도를 응용한 '점프Jump'는 한국의 전통 무예인 태권도와 태껸을 중심으로 한 동양무술에 신체의 아름다움을 극대화한 고난이도의 애크러배틱acrobatic, 그리고 유쾌한 코미디를 혼합하여 화려하면서도 짜릿한 마셜 아츠Martial Arts를 선보여 공연의 본고장인 영국에서 호평을 받았으며, 브로드웨이 진출도 계획하고 있다. 오랜 기다림과 준비 끝에 남과는 다른 생각을 하고 적극적인 실행을 해 얻어낸 성과라 할 수 있다.

이런 특징은 최근 문화산업의 인력 직무조사 결과에서도 잘 나타난다. 차별적이고 독특한 생각을 자신의 직업 선택 과정에도 접목시켜 나가기 때문이다. 예를 들어 남과 다른 것으로부터 출발하는 창의성은 게임업체 신입사원을 선발할 때 주요한 요소이며,

> 방송 쪽은 게임 관련 쪽에서 튀는 친구들이 있어요. 말 몇 마디 하다 보면 '아이디어가 톡톡 튄다' 그런 생각이 드는 친구들이 있잖아요. 그런 부분들… 저희 같은 경우 나쁜 말로… 무언가 틀린 사람, 차별화된 요소를 가지고 있는 사람들이 있는데… 그게 도움이 되는 것 같아요 .
>
> —게임방송 PD

문화산업 종사자들의 창작적 역량의 실체를 묻는 질문에 대한 대답이기도 하다.

> 일단은 재미를 이끌어 낼 수 있는 능력과, 차별화에 대한 부분, 그리고 표현력이랄까요?—게임 기획자
>
> 말하자면 역발상과 차별화입니다.—하드웨어 개발자

결국 창의적 활동을 한다는 것은 남과 다른 무엇을 키우는 일이기 때문이다.

> 작가가 된다는 것은, 분명히 남보다 차별화된 특별한 어떤 감각을 키우는 게 작가예요. —만화작가

H:우리 장점의 세계화 Heritage to Global Brand

앞서 이야기한 롤프 옌센에 따르면, 문화의 발전은 문화의 다양성을 전제로 하고 있고, 경제의 발전도 다양성과 '세계'와 '지역'의 유기적인 연계를 이야기하고 있다. 소위 '글로컬glocal'*이란 개념 또한 모든 세계와 지역들이 동일한 모습으로(same-same) 닮아가는 것이 아니라, 각기 다른 차별적인 성장을 통해 연결되는 네트워크를 강조하고 있다. 예를 들어 문화상품을 선택할 때도, 관광을 할 때도 나의 선택을 통해서 내가 평소에 접해 보지 못한 것을 체험하려고 하기 때문이다. 파리를 방문하는 사람들이 맥도널

* 세계화와 지역화를 결합한 새로운 개념의 용어이다. 한국의 문화와 전통을 세계화하면서 동시에 한국 문화와 전통의 정체성을 유지하는 것을 의미.

드 가게가 아닌 에펠탑을 가 보고 싶어하는 것처럼, 창의성이 담긴 한국의 문화가 세계에서 호소력을 얻고자 한다면 우리의 장점을 글로벌 브랜드화하고자 하는 노력이 중요할 것이다.

이러한 면에서 최근 많은 관심이 집중되고 있는 문화원형*의 경우는 첨단의 뉴미디어와 연계하여 글로벌 브랜드화의 발전 잠재력을 보여 주고 있다. 잘 알려진 대로 전세계적으로도 문화원형을 소재로 한 문화 콘텐츠가 연속적인 성공을 누리고 있으며, 특히 권위 있는 원전이나 신화와 같은 문화원형에 근거한 작품들이 성공하고 있는데, 이는 창의적인 문화 자산이 보편적 문화상품으로 포장될 수 있는 근거가 되기 때문이다. 2006년 현재 전세계 역대 영화 흥행 실적을 살펴보면, 10위권 내에서 6편의 작품이 문화 원형에 기초하고 있음을 살펴볼 수 있다(92쪽 표 참조).

이와 관련하여 최근, 국내에서도 문화 원형을 소재로

* '어떤 집단의 정체성을 가진 전형적인 문화'로서 최근에는 문화산업에서 콘텐츠로 개발하는 대상이 되는 문화, 즉 콘텐츠의 소재가 되는 문화를 가리킨다. 문화 콘텐츠로 변형되기 이전의 가공되지 않은 상태의 문화로서 문화 콘텐츠의 원천 자료를 가리킨다.

전 세계 역대 영화 흥행 실적(2007년 기준)

순위	영화 제목	수익	비고
1위	타이타닉(1997)	$1,835,400,000	
2위	반지의 제왕 : 왕의 귀환(2003)	$1,118,900,000	J.R.R 톨킨의 소설 영화화
3위	해리포터와 마법사의 돌(2001)	$975,800,000	조앤 롤링의 소설 영화화
4위	반지의 제왕 : 두개의 탑(2002)	$926,300,000	
5위	스타워즈 에피소드 1(1999)	$925,600,000	
6위	슈렉 2(2004)	$920,700,000	
7위	쥬라기공원(1993)	$914,700,000	
8위	해리포터와 불의 잔(2005)	$892,200,000	
9위	해리포터와 비밀의 방(2002)	$876,700,000	
10위	반지의 제왕 : 반지원정대(2001)	$871,400,000	

자료 : 한국문화콘텐츠진흥원, 2007.

한 문화 콘텐츠들이 연속적으로 성공을 거두고 있는 상황이다. 방송 콘텐츠의 경우 1999년의 〈허준〉(시청률 63.7%로 문화원형 소재 드라마로는 역대 최고 기록)을 시작으로 하여 최근의 〈주몽〉과 〈황진이〉까지 일반 드라마 콘텐츠들에 비해 큰 인기를 누리고 있는 상황임이 드러난다. 특히 〈황진이〉는 문화 원형 콘텐츠 '한국 기녀 문화 디지털 문화 원형'을 드라마에 활용하여 호평을 받은 바 있어 의미가 크다(93쪽 도식 참조).

또한, 중국이 최근 주목하는 것은 바로 '음식+미녀'식 드라마 제작 · 수출이며, 그 원천 모델로 거론한 것이 바로

문화원형 소재 주요 드라마들의 시청률

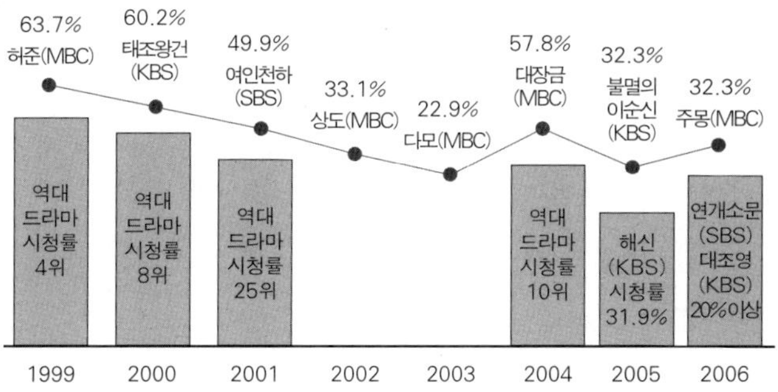

자료 : 한국문화콘텐츠진흥원, 2007.

이제 중국인들의 일상생활 속에 중요한 문화 원소의 하나가 된 한국 드라마 〈대장금〉임을 살펴본다면, 우리의 창의성을 세계화할 수 있는 가능성이 크다는 사실을 알 수 있다. 세계시장에 어필할 수 있는 문화적 보편성이 드라마 〈대장금〉에 충분히 녹아 있다는 증거이기 때문이다. 고유한 전통 문화와 첨단 기술력, 상품의 기능・이미지를 연결시키는 것이 바로 핵심이기 때문이다. 실제 2006년 9월 24일 인도 유일의 국영 지상파 방송사인 두르다산Doordarshan TV의 전국 채널을 통해 방송을 시작한 '대장금'의 첫회 시청률은 5.29%를 기록하여 중국을 거쳐 인도까지 그 영향력이 확장되고 있다. 점유율로 보면 30%에 가까운 수치이며

프라임 타임대 시청률로 환산하면 상위권 몇몇 프로그램에 해당하는 수치이다.

물론, 가장 한국적인 것이 가장 세계적이라는 명제는 정말 당연하지만, 이를 실천적으로 옮기고 만들어 가는 작업에는 많은 손이 간다. 한국적인 것을 세계적으로 만들기도 쉽지 않을뿐더러 그러한 작업의 결과가 실제적으로 세계적으로 효과를 거두리라는 가능성도 매우 크지는 않기 때문이다. 하지만, 창의력을 기반으로 한 문화상품이 성공한 사례가 최근에 많이 나타나는 것을 보면, 전통과 현대의 결합 노력이 충분히 가치를 가지고 있음을 알 수 있다.

동남아와 일본, 중국 노선 등에 투입되었던 여객선 '대장금호'와 드라마 속 상차림을 재현한 '대장금 상차림' ▼

글로컬 콘텐츠 〈대장금〉의 다양한 분야로의 파생 사례

자료 : 한국문화콘텐츠진흥원, 2007.

예를 들어 한복은 이미 서양 유명 디자이너들이 주목하는 동양 복식이 되었으며, 한식의 대표 격인 김치는 세

계 5대 건강식품의 하나로 선정된 바 있다. 또한 2006년 2월 '파리 프레타 포르테 컬렉션'에서는 디자이너 이상봉의 한글 디자인 옷이 호평을 받는 등 '한국'이라는 국가 이미지를 확실하게 각인하는 데 톡톡한 역할을 하였다. 문화적 특수성을 넘어선 글로벌 가치의 재발견은 한류의 확대를 통해 브랜드 효과를 높일 수 있는 중요한 어젠다이다.

[A:원천 소스는 쌍방향으로 활용된다 All for one, One for all]

창의성과 관련된 문화상품에서 바이블처럼 사용되는 말이 있다. 원 소스 멀티유즈One Source Multi Use. 하나의 원천 소스로 활용되는 콘텐츠가 플랫폼, 장르별로 다양하게 활용되어진다는 말이다. 잘 키운 콘텐츠 열 제품 안 부럽다는 의미로 해석되어질 수 있는 이러한 주장은 헐리우드 비즈니스에서 전형적으로 나타나는 바, 책이 영화로 게임으로 캐릭터 상품으로 연극으로 다양하게 활용되어 수익 모델을 만들어 내는 금과옥조라 할 수 있다.

물론 이러한 활용은 장르로의 전파뿐 아니라, 지상파 TV에서 케이블로 DVD로 VOD로 위성방송으로 모바일 콘텐츠로 변신하는 등 다양한 플랫폼을 통해서 전이와 복제가 가능하기 때문에 그 영향력이 더욱 커진다고 할 수 있다. 따라서 이러한 디지털에서의 특성 때문에 COPE(Create Once, Publish Everywhere)라는 표현을 쓰는 사람들도 있다.,

결국은 창의적인 아이디어는 플랫폼, 장르, 지역, 아날로그-디지털할 것 없이 복제와 증식, 전파가 가능하며, 아이디어는 상품이 되고, 상품은 다시 제조업, 서비스업 등 아이디어로 연쇄반응하기 때문에 그 활용성이 엄청나다는 사실을 다시 주지시킨다. 최근에 와서는 예술과 산업의 연계가 더욱 많아지면서 이러한 부분의 영역과 활용 사례가 더욱 많아지는 상황이다.

예를 들어 퓨전 엔터테인먼트, 하이브리드 아트(H-art)의 등장도 이러한 측면에서 바라볼 수 있다. 하이브리드 아트의 다양한 사례는 앞에서 언급한 비보이 등의 사례에도 접목이 된다. 최근 비보이와 국악이 접목된 공연인 '비보이 코리아'와 현대적인 감각과 전통 국악을 접목한 퓨전 국악, 비트박스, 대중적인 미술 장르로 자리매김하고 있는 팝아트, 오페라와 뮤지컬, 팝을 접목한 팝페라 등 다양한 예술 장르가 파생되어 나타나고 있다. 이는 단순히 예술을 산업화하는 현상이라기보다는 예술과 산업이 서로 상호작용하며 시너지효과를 만들어 내는 현상이라고 할 수 있다.

이에 기존의 인포테인먼트, 에듀테인먼트 외에 문화 분야와 다양한 산업 분야와의 융합을 통한 퓨전형 엔터테인먼트가 지속적으로 등장할 전망이다. 이런 까닭에 최근 엔터테인먼트 산업의 파급 효과는 문화산업이라는 내부에 그치는 것이 아니라 관광, 제조, IT 산업에 이르기까지 다양한 부분과의 결합을 통해 광범위화되고 있음을 알 수 있다.

최근에는 이에 한발짝 더 나아가 MSMU(Multi Source Multi Use)라는 용어까지 등장하고 있는 상황이다. 인터넷을 근간으로 하는 디지털 환경이 발달하면서 문화 소비자와 생산자의 벽이 허물어지고 상호작용이 더욱 긴밀해지면서 프로슈머Prosumer(생산자이면서 소비자인 부류)들의 활약이 두드러진 데 기인한 특성이다. 단순히 만화에서 애니메이션, 영화, 캐릭터 관련 제품 등으로 단선적인 경로를 따라가던 원천 소스의 활용에서, 원천의 생산자가 다양해지면서 단방향이 아닌 쌍방향의 경로가 발전하기 때문이다. 1차 콘텐츠를 재창조하거나 새롭게 상품화하는 비즈니스 전략인 MSMU가 활성화되는 형국이다. MSMU에서는 전통적인 만화, 출판 등 1차 콘텐츠뿐 아니라, 다큐멘터리, 각종 사회 이슈 등 다양한 문화 소재들이 블로그, UCC, 미니홈피 등의 SNS(Social Networking Service) 등을 통해서 창작 과정에 활용된다.

특히 최근의 UCC를 포함 다양한 정보들을 취사선택, 재가공해서 수많은 곳으로 전달할 수 있게 되면서 MSMU 전략의 중요성이 더욱 강조되고 있다. 이러한 MSMU 시대에는 UCC, 시민기자, 전문 프리랜서 등 독립 미디어의 콘텐츠 생산 활동이 다채널 디지털방송, IPTV, 와이브로, 인터넷 포털, UCC 포털, DMB 등 다양한 콘텐츠 유통망으로 확산되면서, 멀티유즈의 영향력이 더욱 증대되면서 그

파괴력도 더욱 커지게 될 것으로 전망된다.

이러한 상황은 전통적인 미디어와 콘텐츠의 발전 방향도 바꾸어 놓게 되는데, 얼마 전 TV에서 큰 인기를 끌었던 '마빡이'는 이러한 특징으로 인해 생명력이 연장되고 파장이 더욱 커진 예라고 할 수 있다. 개그맨의 아이디어에만 한정시키지 않고 UCC를 통해서 다양한 시청자의 의견을 받아 프로그램을 만들고, 스튜디오에만 머물지 않고 오프라인 현장 속으로 들어가 '마빡이 경연대회'를 개최하는 등 다양한 활용을 통해 시너지 효과를 높였기 때문이다. 디지털 환경의 상호작용성(interactivity)이 전통적인 미디어를 역으로 바꾸어놓은 전형적인 예라고 할 수 있다.

최근 문화산업의 인력 직무조사 결과를 다시 살펴보면, 역시 창의적 아이디어가 무한한 형태로 진화되고 다양하게 활용되는 모습을 쉽게 발견할 수 있다. 예를 들어 비디오 게임 제작자는 게임 제작에서 영화를 많이 활용한다고 이야기 하면서 문화산업 장르 간 아이디어의 전파 및 활용 사례를 보여 주고 있다.

> 게임 개발자로서는 기존에 없는 재미있는 것을 만드는 건데, 게임은 장치를 두고서 규칙을 만드는 거거든요. 그 규칙만을 가지고 사람들이 완전히 새로운 규칙을 만드는 것을 창작성이라고 보는데, 그런 데서도 영화를 많이 활용하는데, 여러 가지잖아요… —비디오 게임 제작자

결국 콘텐츠는 다양하게 활용되는 하나의 근간이라고 할 수 있다. 콘텐츠를 개발할 때 가장 중요하게 여기는 것이 무엇인가라는 질문에 대해 영화감독은 아래와 같이 대답하고 있기 때문이다.

> 저는 그냥 제가 좋아하는 이야기를 쓰죠. 뭐를 기준으로 한다하는 것은 없어요. 모든 소스를 다 활용하죠. —영화감독

N : 새로운 시대, 새로운 콘텐츠
New generation, new content

최근 방송통신 또는 통신방송의 융합으로 인해 많은 발전이 기대되고 있으며, 급속도로 변화하는 사회 발전 속도 때문에 세대 간 격차도 발생하는 웃지 못할 현상이 나타난다. 이어령 선생의 《디지로그》라는 책을 보면 재미있는 구절이 나온다.

휴대폰을 어느 손으로 받느냐에 따라 세대가 구별된다는 것이다. 휴대전화를 왼손으로 받는 사람은 전통적으로 기계식 전화기에 익숙해져 있는 사람으로 왼손으로 수화기를 들고 통화해 오던 습성이 남아 있는 아날로그적인 사람들이고, 오른손으로 휴대폰에서 메시지를 보내는 엄지족들은 디지털 신세대이기 때문에 오른손으로 핸드폰을 받는다는 주장이다. 실제 필자가 강의를 하면서 세대 간 특성을 비교해 보면 이러한 법칙이 거의 들어맞는 재미있는 현상을 목격하게 된다.

통신의 발전이 이렇게 새로운 문화를 창출해 내고, 새로운 신인류들은 그러한 문화를 향유한다. 최근의 기술변화에 따르면, 인터넷으로 대변되는 WWW(world wide web) 세대가 모바일 환경의 발전과 함께 HHH(hand held heaven) 세대로 발전하고 있으며, 앞으로는 유비쿼터스 환경이 발전함에 따라 5A 환경에 적응하게 될 것이라는 주장이다.

언제(Any Time), 어디서나(Any Where), 누구나(Any One), 어떤 기기든지 상관없이(Any Device), 무엇이든지(Any Thing) 할 수 있는 사회가 도래하면서 신인류는 더욱 발전하고 있다.

문제는 이러한 기술 발전과 미디어의 출현에 따라 IPTV, WIBRO, HSDPA 등 새로운 서비스가 더욱 확장될 것이며, 이러한 서비스는 새로운 콘텐츠를 요구할 것이라는 사실이다. 방송 · 통신 융합 시대에 다양한 미디어들이 더욱 활발하게 발전하면서 관련된 콘텐츠의 의미는 더욱 확장되어지고 중요해지고 있다. 이에 따라 최근 콘텐츠의 개념은 기본적인(basic) 콘텐츠만을 제공하는 미디어 산업 개념에서 벗어나, 콘텐츠 창출에서부터 소비에 이르는 전 가치사슬에 참여하는 사업자들의 생산 활동 또는 이와 관련된 모든 연관 산업의 영역까지 확장되고 있다.

유 · 무선 인터넷 및 모바일 기술의 급격한 발전, 다매체 · 다채널 · 다기능 · 고기능의 멀티미디어 문화의 도래에 따라 모바일 음악, 모바일 캐릭터, 모바일 게임, 모바일 만화, 모바일 영화, 모바일 애니메이션, 모바일 방송 등 고품질 문화 콘텐츠를 언제 · 어디서나 즐길 수 있게 되었다. 그 영역이 매스미디어에 의한 엔터테인먼트 콘텐츠(EC) 중심에서 유비쿼터스 미디어에 의한 생활문화 콘텐츠(LC)로 확대되고 있으며, 가치사슬을 토대로 방송, 통신, IT 융합으로 이전에 분리된 산업들이 콘텐츠 산업으로 융합되면서 관련 콘텐츠 시장이 제조업과 결합하면서 더욱 확장되고 있다.

미래의 도시 생활환경

이렇듯 새로운 플랫폼의 출현은 새로운 콘텐츠와 함께 새로운 비즈니스의 모델을 요구하고 있다. 현재 일부 신규 플랫폼에서 지상파 콘텐츠를 재전송하는 형태의 전략으로는 새로운 방통융합 시대 콘텐츠의 성공을 담보하기가 어려워지기 때문이다. 방통융합 시대 새로운 콘텐츠의 진흥 전략은 새롭게 출현하는 각 플랫폼별 장점과 단점을 비교하여 새로운 콘텐츠 비즈니스 모델(Content Business Model)을 최대한 강구하는 방향으로 나가야 한다. 예를 들어 DTV, DMB, IPTV, WIBRO, HSDPA, PMP 등 다양한 플랫폼과 기기와 관련하여 경쟁 우위 요소가 무엇인가, 전략 콘텐츠는 무엇이 될 것인가에 대한 분석이 필요할 것이며, 콘텐츠의 새로운 2차 판권시장 활성화와 새로운 매체를 통한 광고, 콘텐츠의 재판매 등 다양한 수익 모델의 강구가 뒤따라야 하는 것이다.

특히 컨버전스 시대 성공의 핵심은 제품의 다기능보다 소비자를 위한 가치 제공에 무게중심이 있기 때문에 다매체, 다플랫폼화에 따른 콘텐츠 수요 확대를 예상하여 소비자 중심의 전략 구상이 충분히 이루어져야만 한다. 새로운 시대, 신인류를 중심으로 하는 소비자들에게 새로운 콘텐츠를 원하는 이들에게 얼마나 개개인의 요구와 편의에 능동적으로 맞춰 나갈 수 있느냐가 방통융합 시대 많은 콘텐츠 관련 기업들의 생존전략이 될 것이기 때문이다.

이를 위해서는 엔터테인먼트 콘텐츠와 함께 생활 속 재미, 기능, 정보, 감정 등이 융합된 퓨전 콘텐츠 발굴, 오감 체험과 지능이 융합된 감성형 콘텐츠 개발, 웰빙 친화형 상호작용하는 휴먼 콘텐츠 연계 등의 다양하고 적극적인 노력이 요구된다고 할 수 있다.

새 술은 새 부대에 담아야 하듯이 새로운 시대에는 새로운 플랫폼의 출현에 따른 콘텐츠의 차별화 전략, 새로운 소비자 욕구에 대한 다양화 전략이 필요하며, 콘텐츠를 육성하려고 하는 다양한 관계자들의 의지가 매우 중요하다. 그리고 그러한 콘텐츠를 창의적으로 생산해 내는 사람들이 미래 사회를 선도하는 프론티어가 될 수 있다.

이러한 측면에서 앞에서 인용한 몇몇 사례와 마찬가지로 '새 것'에 대한 노력은 새로운 플랫폼이 아니더라도 새로운 것을 추구하는 문화산업 작업 방식에서 쉽게 발견된다. 영화 특수분장사는 매번의 작품마다 새로운 시도를 하고 있다고 밝히고 있고,

> 저희는 새로운 작품을 할 때마다 새로운 시도를 하려고

하기 때문에…—영화 특수분장사

영화 특수효과 제작자는 다르지 않다면 영화의 의미가 없다고 단언을 하고 있으며,

그래야 새로운 것을 보여 주지, 아니면 똑같잖아요. 아니면 모든 영화가 똑같죠. 그러면 안 된다는 거죠. 새로운 게 있을까 하고 사람들이 궁금해해야지, 변화가 없으면 뭐 다 똑같네 하죠. 그러면 아무런 의미가 없죠.—영화 특수효과 담당자

만화 스토리 작가는 독자에게 보여 주는 것은 항상 변해야 한다고 지적하고 있다.

무협작품이고 가볍다는 색깔은 변해선 안 되겠지만 그 안의 각종 스토리라든지 혹은 독자에게 보여 주는 것들은 계속 변하고 새로워야 한다고 생각을 해요.—만화 스토리 작가

K:지식의 전문가 Knowledge expert

창의력이 풍부한 전문가가 된다는 것, 그중에서도 지식 전문가가 된다는 것은 대단히 어려운 일이다. 최근 디지털 환경의 변화에 따라 노하우보다 노웨어know-where*가 대접받는 시대가 되기는 되었지만, 부가가치의 원천이 되면서 발전의 원동력이 되는 것은 창의적인 아이디어가 풍부한 '지식'이고, 이를 생산해 내는 창의적인 사람들이 중요할 수밖에 없다.

사회학자인 폴라니에 따르면, 우리가 통상적으로 알고 있는 일반적인 형식지(Explicit Knowledge)는 '문서나 매뉴얼처럼 외부로 표출돼 여러 사람이 공유할 수 있는 지식'을 말하는데, 이러한 '정보'들은 인터넷에서 누구나에게 공개되어 활용되어지는 특성을 갖기 때문에 교과서, 데이터베이스, 신문, 비디오와 같이 어떤 형태로든 형상화된 지식은 형식지라고 할 수 있다.

---

* 문제를 해결하는 지식, 기술, 요령 등을 뜻하는 노하우(know-how)에서 파생된 신조어. 인터넷을 비롯한 정보 매체를 통해서 원하는 정보를 얻고 지식을 구축하는 방법을 뜻한다. 기술의 발전에 따라 어떤 일을 하는 방법(how)보다 원하는 정보가 어디(where)에 있는가를 아는 것이 더 중요해졌음을 의미한다.

반면에서 암묵적인 지식(tacit knowledge)의 경우는 주관적이고 체험적이며, 가치를 창출해 내는 창의력의 원천이라고 할 수 있다. 고도로 개인적이며 쉽게 형식화할 수 없는, 그래서 다른 사람과 의견을 교환하거나 공유하는 것이 어려운 지식형태라고 할 수 있는데, 주관적인 인식(insights), 직관(intuitions), 육감(hunches) 등이 이러한 지식 유형에 속한다고 할 수 있다.

도제 시스템을 통해 수십 년간 수련기를 거쳐 개인적으로 전수되어 내려오는 마이스터들의 솜씨, 박찬욱 감독의 작품에 대한 통찰력, 스티브 잡스의 콘텐츠 산업에 대한 육감과 함께 숙련, 체험 지식, 가치, 신념 등은 표준화할 수 없는 창의적인 지식의 결정체라고 할 수 있다.

결국 창의적 지식을 일구어 내는 데 있어 중요한 것은 지식의 질적 내용이다. 얼마나 질적 수준이 높은 지식인가, 이용자의 요구에 부응하는 지식인가, 고부가가치를 생산하는 지식인가 하는 점 등이 중요하다. 이러한 의미에서 지식의 산업화에서는 지식 창조가 중요하다고 할 수 있다.

문제는 새로운 시대 새로운 창조적 계급의 등장과 함

께 인터넷 환경 등에서 단순한 정보 이상의 암묵적 지식이자 창의적인 지식을 어떻게 생산하고, 활용하며, 가치를 창출할 것인가 하는 것이다. 일본의 노나카 교수는 암묵적 지식이 고도화되거나 암묵지가 형식지화하여 공유되는 등의 변환 과정을 거쳐 더 높은 가치를 창조하게 된다고 말한 바 있다. 이는 디지털 시대의 상호 변환성의 발전과 함께 새로운 변혁을 예고한다.

사용자의 콘텐츠에 대한 주권이 강화되고, 창의적인 프로슈머들이 창조적 계급(Creative Class)* 으로 등장하고 있다. 이동성, 양방향성, 개인 특성에 맞춘 퍼스널 미디어가 일반화되면서 문화 프로슈머(Culture Prosumer)들이 출현하고 있는데, 이에 따라 다양한 특성의 정보가 지식으로 변화하며, 창의성을 창출할 것으로 보인다. 이에 따라 능동성이 더욱 강조된 크리슈머를 넘어서는 창조적 계급들이 문화 콘텐츠 소비와 지식 창출의 새로운 트렌드로 자리매김할 것으로 전망된다.

문화 수용자의 속성과 수신자의 통제 수준에 따라 문

* 카네기 멜론 대학의 석학 리처드 플로리다(Richard Florida) 교수가 언급한 세계 어디에 있든 네트워크를 통해 창의력을 발휘, 새로운 부가가치를 창출하는 집단.

화적인 콘텐츠는 다르게 발전하게 된다. 수동적인 문화 수용자들에게 정보를 제공할 때는 전통적인 매스미디어 형태의 형식지를 전달하는 수준에서 수신자들의 통제력이 향상되어 주문형 콘텐츠의 수요가 늘어가는 양상을 관찰할 수 있다. 이러한 상황에서 지식의 창의성은 생산자의 몫으로 남게 되며, 지식은 정보 형태로 공유되게 된다.

하지만, 적극적인 문화 수용자가 지식 생산과 관련이 될 때에는 상황이 조금 달라지게 된다. UCC를 생산해 내는 과정은 수신자의 통제와 반응도가 높기 때문에 상호작용을 통한 쌍방향 지식의 창출이 가능하며, 암묵지가 형식지로 자유롭게 변환되는 상황도 목격할 수 있다. 다만 수신자의 통제가 낮을 경우는 지식이 창출되고 공유가 가능하기는 하지만, 단순하게 교환의 수준에 머무를 수도 있다.

이러한 상황은 쌍방향 지식이 만들어지는 네트워크상의 지식과 정보를 창조의 도구로 활용하는 창조 계급의 특성을 잘 보여 준다. 과학자, 기술자, 건축가, 예술인, 디자이너, 스토리텔러, 엔터테인먼트, 스포츠 및 미디어 종사자에 집중된 창조 계급의 규모는 지속적으로 늘어날 전망

문화 수용과 통제에 따른 특성의 변화

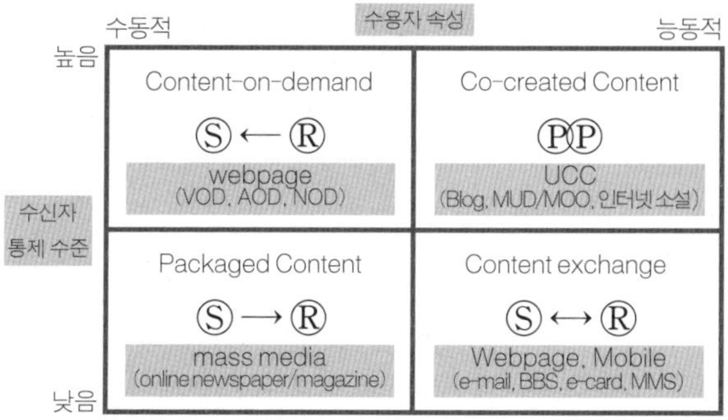

* S(Sender), R(Receiver), P(particioant)

이며, 이러한 창조 계급의 지식은 미디어와 플랫폼의 발전에 따라 다양한 콘텐츠로 생산되고 공유될수 있다. 창조 계급은 다양한 사고의 병존과 파격적으로 틀을 깨는 창조적 발상을 활용하여 창조적 문화를 만들어 낼 수 있다. 이러한 창조 계급의 등장은 UCC 등 지식 창출과 발현의 장이 확대되어 지식의 파급 효과가 더욱 커지고 창조적인 지식의 공유 가능성이 더욱 높아졌다는 것을 보여 준다.

머지않아 새로운 가치관과 특별한 기량, 창의성을 가진 창조 계급이 엔터테인먼트를 비롯한 문화 콘텐츠 산업의 전 영역을 선도할 것은 분명하다. 이때 중요한 것은 지식 전문가가 어떠한 지식을 어떻게 생산할까 하는 것이며, 대중들과 어떻게 방식으로 소통하며 지식을 공유할 것인가 하는 문제이다. 그러한 지식과 콘텐츠 창출의 전문가가 되기 위해서 갖춰야 할 가장 중요한 덕목은 결국 '창의성'이라는 사실이다.

[S:전략적인 사고와 시너지로의 완성 Strategy & Synergy]

창의성의 발현을 위한 결론적 제안은 전략적인 사고를 바탕으로 다양한 요소들이 결합되어 이루어지는 '완성'이라고 할 수 있다. 창의성은 아이디어에서 발원되지만, 앞에서 이야기한 바 대로 행동으로 옮겨지고, 다양한 매개체를 통해서 전파되고 공유되기 위해서는 많은 사람들의 공감을 얻어야 한다. 그리고 그러한 바탕에는 다양한 상황들이 고려되어질 수 있는 종합적인 사고가 필요하다.

이와 관련하여 최근 학계에서의 가장 큰 화두 중 하나는 '통섭統攝(consilience)'이다. 에드워드 윌슨의 책에서 비롯된 이 키워드는 인문학과 자연과학 등을 통합해 새로운 것을 만들어 내는 범학문적 연구를 일컫는다. 새로운 현상의 설명은 아니지만, 디지털 시대 지식과 창의성, 콘텐츠

에드워드 윌슨(Edward O. Wilson, 1929-)

를 이야기하면서 다시 한 번 통합적 접근의 중요성이 주목을 받고 있다. 물리학, 행정학, 경영학, 화학 등 아무런 연관이 없을 것 같은 이질적 분야의 학자들이 모여 토론을 하고, 애니메이션 전공자와 기계공학을 가르치는 교수가 열띤 논쟁을 하며 의견을 내어놓는다. 그리고 그러한 논의들은 미래를 어떻게 대비해야 할 것인가 하는 상황에서 공통분모를 갖는다. 미래의 창의적인 환경을 대비할 하나의 대안이 될 수 있는 이러한 논의들에서는 창의성을 증진하는 전략적인 사고의 중요성을 강조하고 있다.

이와 관련하여 국내에서는 생물학 등 각 분야의 전공을 망라해 종합적인 연구를 진행하기 위한 '통섭원'이라는 센터가 설립되기도 하였으며, LG전자는 통섭원과 공동 모임을 통해 사업에 반영할 아이디어를 구하기도 한다. 누군가의 말처럼 20세기가 IT를 기반으로 한 분할된 전문 지식의 시대였다면, 21세기는 창의적인 콘텐츠로 상징되는 통합된 거대 지식의 시대가 될 것이라는 사실을 반증하는 사례이다.

큰 흥행을 기록했던 영화 〈괴물〉을 생각해 보자. 물론 영화의 주인공은 첨단 컴퓨터 그래픽이 탄생시킨 제작비의 절반 이상을 잡아먹은 괴물이지만, 아무것도 없는 빈 공간에서 상상력을 토대로 배우들의 움직임을 이끌어 내고, 콘티를 짜고, 전체적인 영화를 완성해 내고, 큰 그림을 통해 다양한 요소들의 시너지 효과를 이끌어 낸 사람은 선장의 책임을 맡고 있던 봉준호 감독이었다. 기술과 특수효과는 그러한 상상력을 화면에 담아 내고, 창의적인 아이디어를 표현하기 위한 도구에 지나지 않다고 해도 과언이 아니다. 마찬가지로 디지털 융합으로 미디어 플랫폼 구분이 무의미해진다고 해도 방통융합의 성공을 좌우하는 결정요인은 창의적인 콘텐츠의 질이 될 것이다. 미디어 플랫폼은 기능상 콘텐츠를 담는 그릇이자 전달하는 도구로 작용하기 때문이다. 이렇듯 우리가 창조해 내는 콘텐츠의 본질은 내용물의 독창성에 있으며, 문화예술이 기반이 되는 아이디어와 상상력은 창의적 콘텐츠의 핵심 원천이라고 할 수 있다.

전체적인 문화상품의 생태계를 고려해 본다면, 전체적인 가치사슬과 관련 인자들을 고려하지 못한 부분적인 시각은 실패를 가져오게 되며, 문화적 감수성과 창의력이 부족한 콘텐츠는 시장에서도 외면받게 된다. 예를 들어 극장용 애니메이션의 경우, 3D 기술만이 강조된 〈파이널 판타지〉(2001)는 흥행에 대실패했지만, 기술과 창의성에 기초하여 탄탄한 스토리를 바탕으로 한 〈니모를 찾아서〉(2003)는 대성공을 한 경우를 비교해 볼 수 있다.

창의성은 진화의 메커니즘을 전제로 한다. 미래는 앞으로 보다 나은 세계를 꿈꾸는 사람들의 몫이기 때문이다. 인생, 사업, 소속된 기관의 비전을 꿈꾸며, 전략적인 사고를 하고 시너지를 창출해 내는 사람들이 있기에 인류의 발전이 이룩되어져 왔다. 다양한 상황들의 완결된 큰 그림을 보는 사람들은 이러한 미래를 준비할 수 있지만, 창의적인 시각으로 숲을 보지 못하고 나무에만 집착하는 사람은 결코 미래를 준비할 수 없을 것이다. ■ 이병민

익숙함과 새로움이 만났을 때

'만남'으로서의
창의성

빠른 기술의 발전은 생산성을 증가시켜 절대적으로 삶을 풍요롭게 해 주는 반면 다른 한편으로는 사회 변화 속도를 빠르게 하여 미래에 대한 예측을 어렵게 만듦으로 불확실성을 증가시켜 상대적으로 삶을 피폐시키는 칼의 양날과도 같은 성격을 지닌다. 예를 들어 컴퓨터 서버 가격의 지속적인 하락은 더 많은 거래 정보를 회사 서버에 저장하게 하였고(세상의 모든 정보를 자기 회사의 서버에 저장시켜 놓는 것을 목표로 하는 구글Google의 경우 약 45만 개로 추정되는 엄청난 수의 서버를 운영하고 있고, 2006년 기준으로 세계에서 가장 많은 전기를 소비한 회사이기도 하다) 덕분에 많은 거래가 전산화되어 시간을 절약해 줌으로 삶의 질을 확연히 신장시킨 측면도 있지만 동시에 각종 사이버 범죄의 등장을 부추겨 소비자들의 불안을 가중시키

고 있다.

분명한 것은 다가올 미래에 우리에게 닥칠 문제들 중 많은 것은 새로운 형태를 갖게 되어 우리가 알고 있는 기존 지식으로는 그 해답을 찾기가 어려울 것이다. 따라서 불확실한 미래를 현명하게 헤쳐 나가 기술 발전을 절대적 및 상대적인 삶의 질의 향상으로 이끌어 가기 위하여 현대를 사는 우리들에게는 기존의 것을 뛰어넘는 새로운 것을 만들 수 있는 창의성 배양이 이전보다 더욱 중요한 과제로 떠오른다.

성공한 문화는 어떤 문화든 더 발전된 새로운 문화의 흡수, 모방을 통하여 지적 역량을 축적한 후 모방 수준에서 탈피한 독창성을 이루어 왔다는 것을 상기할 때, 이제 한국은 경제, 사회, 문화 등 각 방면에 걸쳐 그동안 서구 모방의 단계를 거쳐 새로운 도약의 단계로 접어들었다고 할 수 있다. 때문에 새로운 것을 만들어 내고 새로운 지식을 창출할 수 있는 창의력이 더욱 중요해졌고, 이는 전통적으로 주로 예술가에게 중요시 되던 창의성이 보다 광범위하게 다른 직업 종사자들에게도 중요해졌다는 것을 의미한다. 창조의 최전방에 살면서 작업하는 예술가의 시각에서 과연 창의성이란 무엇일까, 한번 살펴보자.

새로운 것이란 무엇일까? 단순히 그전에 없었던 것, 족보도 없이 하늘에서 뚝 떨어진 영감, 천재에게만 있는 타고난 재능일까?

창의성 넘치는 예술가들의 작업은 그 시대의 재료, 기술 및 지식의 총체적 결합물이었음을 유명 예술가들이 작업에 참고하였던 많은 자료들이 이를 증명해 준다. 많은 해외 유명 작가의 전시 도록을 보면 예술가의 삶, 여행 경로, 교류했던 친구들, 직접적으로 관심을 가졌던 문명, 음악, 서적 등 여러 가지 자료들을 그 예술가의 작업을 이해하는 데 중요한 자료로 제시하고 있다. 다시 말해 이는 그 참고 자료의 다양함과 방대함이 그 예술가의 창의성의 원천임을 드러내 준다고 할 수 있겠다.

새로운 것이 있기 전 새로운 사고가 있게 마련이고, 그 새로운 사고란 주변에 있는 다양한 것들에서 채취된 것이다. 많은 지식의 축적과 부단한 노력은 창의성을 갖추기 위한 필요조건의 역할을 하는데 이 새로운 것들을 몇 가지 만남의 유형으로 나누어 보자.

서로 다른 것의 만남

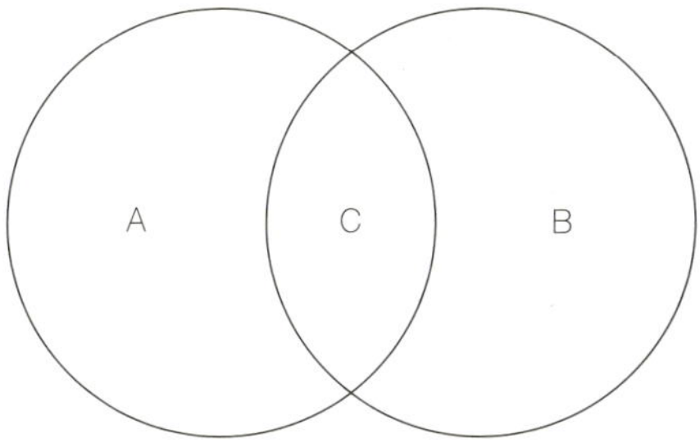

새로운 것이란 이미 존재하는 서로 다른 A와 B가 만나는 경계선에서 A도 아니고 B도 아닌 기존에 없었던 C의 출현과도 같은 것이다(기존의 지식으로 정의할 수 없는 C의 출현). 13-14세기 활동한 초기 르네상스 작가로 잘 알려진 조토Giotto di Bondone가 1305년 완성한 이탈리아 파도바Padova 소재 스크로베니 성당(Cappella degli Scrovegni, Arena Chapel이라고도 알려진)의 프레스코 벽화 중 〈Scenes from the life of Joachim〉의 일부를 보면 두 사람이 만나서 포옹을 하는 장면이 있다. 두 사람의 얼굴이 겹쳐진 모습을 그려 낸 것인데 상상력을 조금 더 갖고 두 얼굴이 겹쳐진 곳을 보게 되면 마치 가운데 새로운 하나의 얼굴이 있는 것처럼 보이게 된다.

조토 그림의 경우 두 개의 다른 형상이 만나 새로운 형상으로 보여지는 예이고 피카소[Picasso]의 경우는 보다 적극적인 의미에서 다른 것의 만남을 통한 새로운 것을 만들어 낸다. 새로운 현대 미술 장르의 하나인 큐비즘[Qubism]은 인상파에서 중점적으로 다루었던 (이후 야수파, 표현주의로 이어지는) 색채보다는 형태(form)에 대한 재발견을 시도하였는데, 그 접근 방법은 형태를 분해하여 재배치하는 유럽적인 방법이었으나 내용 면에 있어서는 아프리카 토속 미술에서 많은 소재를 갖고 왔다. 피카소는 프랑스에서 작품 활동을 하던 시절 파리 16구 트로카데로[Trocadéro]에 위치한 인류사박물관[Musée de l'Homme]에 자주 들러 아프리카 원시 미술로부터 많은 영감과 작품 소재를 얻은 것으로 유명하다.

피카소의 작품 〈아비뇽의 처녀들[Les demoiselles d'Avignon]〉(1907년 작품, 뉴욕 현대미술관MoMA 소장)를 보면 작품의 곳곳에서 아프리카 원시 미술의 영향을 찾을 수 있다(123쪽 그림

참조).

이 작품에서 다른 모양의 얼굴을 한 처녀들을 보여 주고 있고 그중 가장 오른쪽의 경우는 그림 하단 맨 끝의 사진에서 알 수 있듯 아프리카 토속 가면에서 그 소재를 차용하여 작품으로 승화한 것으로 보인다. 이처럼 조형적으로는 유럽적인 방법을 쓰면서도 소재는 아프리카 원시 예술에서 가지고 와 형태를 중요시 하는 새로운 장르인 입체파가 탄생된 것이다.

[보편적인 것과 개인적인 것의 만남]

1+2+3+A

1+2+3+B

자신이 속한 사회의 신화, 종교, 관습 등의 영향에 따른 정체성과 보편적인 이론의 만남은 어느 곳에서나 볼 수 있는 보편적인 형태를 띠어 새롭지 않다고 여길 수 있는 것들이 서로 다르게 해석될 수 있는 차이를 만든다.

아래 사진은 토로니[Niele Toroni]가 1990년 시카고 대학, 〈The Renaissance Society〉 전시 때 벽화 작업을 하는 모습이다. 토로니는 주로 흰 바탕에 30센티 간격으로 50호(#50) 붓으로

반복적으로 점을 찍는 작품으로 알려져 있으며 다니엘 뷔렝Daniel Buren 등과 함께 개념예술(conceptual art)이라는 현대 미술의 새로운 지평을 연 작가이다.

아래 그림은 1968년경 시작된 일본 모노하(物派)의 대표적인 사상가이자 작가인 이우환Ufan Lee의 작품 〈조응(correspondence)〉이다.

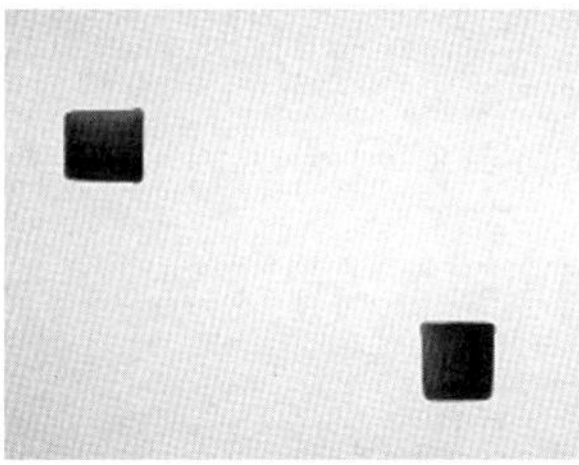

이우환의 작품을 돌려서 축소한 후 반복적으로 그 이미지를 조합하게 되면(126쪽 그림 참조) 앞에서 본 토로니의 작품과 거의 유사한 형태를 띠게 된다.

결국은 공통적으로 사용하는 일정한 크기의 붓으로 그린 점이라는 소재에('일반적인 것') 작가의 다른 작품 철학('개인적인 것')이 접목되어 서로 다른 작품으로 인정을 받고 있는 것이다. 토로니의 작업에서 점은 반복적인 시

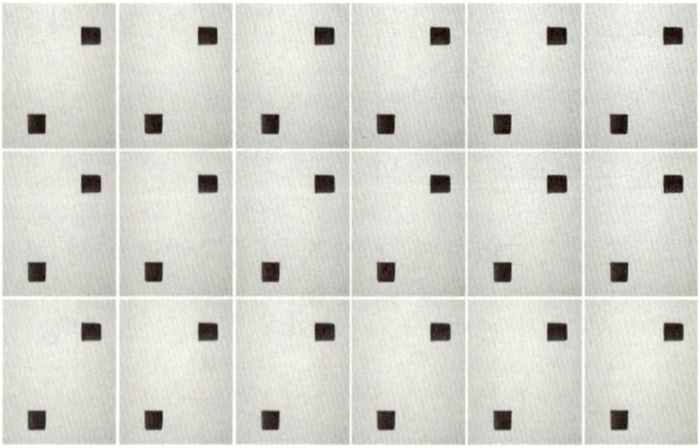

간을 나타내고, 이우환의 작업에서 점은 여백과의 만남으로 특징 지워질 수 있다. 이 차이가 바로 개인이 부여한 특별한 해석이 새로운 것을 만들 수 있음을 보여 준다.

[중심부와 주변부의 만남]

새로운 것을 찾으려 하는 예술가의 관심은 기존의 장르에서 새로운 장르로 확장되고 있다. 이것은 조화롭고 심미적인 것을 추구하기보다는 다양한 조합을 찾는 사고의 변형을 의미하며 이런 사고의 바탕은 주류와 비주류, 고급 미술과 대중 미술과 같은 분류가 큰 의미 없음을 보여 준다. 이 과정에서 예술의 평가는 이분법적인 옳고 그름의 문제가 아

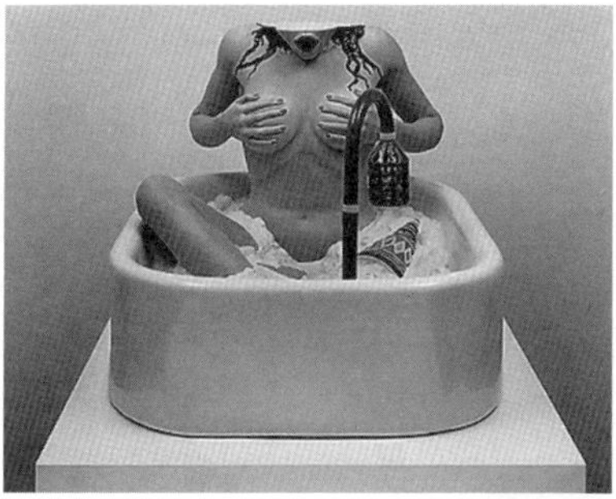

◀ 제프 쿤, 〈Woman in tub〉(1988)

제프 쿤,
〈Balloon Flower〉(1995-1999) ▶

닌 예술가의 개인적인 취향의 문제일 뿐이다. 제프 쿤Jeff Koons의 경우 이전에 존재했던 포르노 사진, 만화, 인형, 고양이와 같은 대중적인 이미지를 사용하여 예술로 표현하였다.

이런 일반인에게 친숙한 이미지가 보는 이로 하여금 예술은 먼 나라, 다른 나라의 일이 아닌 본인의 일상에서 쉽게 접할 수 있는 것으로 인식하게 하여 예술가와 관객의 거리를 좁혀 주고, 보다 많은 사람이 예술을 생활의 일부로 쉽게 여길 수 있는 기회를 제공하게 되어 미술뿐만 아니라 음악, 연극 등 다른 분야에서도 대중과의 만남을 통한 새로운 형태의 예술 작품이 더 많아지고 있다.

[새로운 기술과의 만남]

예술은 항상 그 시대가 만들어 낸 기술과 결합하여 새로운 장르를 만들어 왔다. 그 시대가 만들어 낸 기술을 그들의 작품을 표현하는 수단으로 사용하였다. 이것은 보는 이들에게 새로운 경험과 표현으로 다가온다. 기술자의 경우 기술 그 자체의 완벽함을 추구하는 것이 목적인 반면, 예술가는 자신의 생각을 새로운 기술을 활용하여 표현하는 것이 목적이기 때문에 기술을 수단으로 보는 측면에서 기술자와 차이를 갖는다.

대중에게 잘 알려진 백남준의 경우 비디오 기술을 이용하여 비디오 예술을 탄생시켰는데, 백남준은 최고의 비디오 기술자가 아니라 비디오라는 새로운 매개를 통하여 다른 방식의 표현을 했다는 점에서 비디오 예술의 창시자로 평가받고 있다.

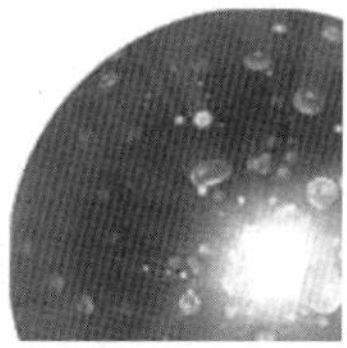

마리코 모리, 〈Wave UFO〉

일본의 마리코 모리[Mariko Mori]는 2005년 베네치아 비엔날레[Venezia Biennale]에 〈Wave UFO〉라는 설치작품을 전시하였다. 이 작품의 내부로 들어간 관람객은 미래 감각으로 디자인된 의자에 누워서 뇌파를 측정하게 되는데 각각 다른 뇌파가 오른쪽에서 보이는 것과 같은 다른 이미지를 보여 주도록 기술적으로 제작이 되어 있다. UFO와 같은 미래 지향적인 설치작품에 뇌파를 측정하여 이미지로 보여 주는 기술이 결합되어 기존에 경험하지 못했던 새로운 이미지를 보여 준다.

앞에서 본 네 가지 형태의 창의성을 통하여 우리는 창의성이란 열린 사고로의 확장을 의미하고 같은 것을 다르게 적용할 수 있는 능력임을 보여 준다. 결국 다양한 것을 경험하고 (직, 간접적으로) 학습하며 이를 고정된 틀이 아닌 기존의 틀에서 벗어난 시각으로 재구성할 때 새로운 것은 자연스럽게 생겨나는 것이 아닐까?

표면에 드러나는 사물의 현상만을 묘사하는 것이 아닌 그 원리를 뚫어 보는 새로운 시각. 다람쥐 쳇바퀴에서 탈출할 수 있는 용기. 직, 간접 경험을 통하여 축적된 풍부한 지식. 새로운 기술 습득에 대한 끝없는 열정이 어우러질 때 새로운 것이 끊임없이 솟아나는 창의성의 샘이 만들어지지 않을까 한다. 새로운 분야와 장르의 출현이 반드시 기존 것의 도태를 수반하는 것은 아니다. 취향의 선택에 새로운 장르가 하나 더 느는 것이고 그것은 시대의 산물로 특징 지워질 뿐이다. ■ 이수영, 이장혁

나는 삐딱하다, 고로 존재한다

다르게 보기와 창의성

[삐딱한 시선으로 세상을 보자!]

미국의 인기 드라마 〈CSI 마이애미〉의 호라시오 반장은 범인으로 의심되는 용의자를 심문할 때면 항상 고개를 삐딱하게 돌려 쳐다본다. '범죄의 이면을 살핀다'는 CSI 과학수사대의 수사 방침처럼 삐딱한 자세를 취하는 호라시오를 볼 때마다 '기존 관점이 아닌 뭔가 다른 관점으로 살피는 게 아닐까?'라는 생각이 든다. 삐딱한 시선으로 틀에 박힌 고정관념을 째려보는 것이 창의성의 출발점이라고 본다.

〈CSI 마이애미〉의 호라시오 반장

창의성을 발휘하기 위해 일단 호라시오 반장처럼 삐딱한 자세를 취하면 될 거 같은데 그 다음에 창의적인 아이디어를 어떻게 떠올릴까? 만화책을 보면 기발한 아이디어가 떠오를 때 '형광등이 번쩍'하는 장면을 그리는 것처럼 '번쩍'하는 아이디어의 형광등을 켜는 것은 '호기심'이라는 버튼이다. 무릎을 탁 치게 만들 정도의 호기심 어린 아이디어의 백미는 아래 그림이다.

빈센트 반 고흐가 친동생에게 보여 주기 위해 1883년에 그린 자기 방 그림을 1969년에 태어난 우루주스 베얼리 Ursus Wehrli라는 사람이 깔끔하게 정리해 놓았다. 스위스 태생

빈센트 반 고흐의 〈아를의 침실〉을

우루주스 베얼리가 정리한 그림

의 베얼리는 어느 겨울날 찬바람을 맞으며 빵을 사러 갔다가 빈센트 반 고흐의 어질러진 방을 정리해야겠다는 생각이 '번쩍' 떠올랐다고 한다. 이 번쩍 순간을 위해 다른 사람들은 단순관람만으로 지나쳤을 빈센트 반 고흐의 방 그

베얼리

림을 베얼리는 삐딱한 시선으로 얼마나 많이 쳐다봤을까? 위에서 베얼리를 화가가 아닌 '사람'이라고 쓴 이유는 그의 직업이 다양하기 때문이다. 그는 코미디언이면서 디자이너였는데 '남을 웃겨야 한다는 코미디언의 강박관념'이 만들어 낸 유머러스한 아이디어가 디자이너로서의 그림 실력과 '번쩍' 합체되면서 정리예술을 탄생시킨 것이다.

이처럼 아이디어가 '번쩍'하기까지는 오랜 사고와 수많은 정보가 밑바탕으로 깔려야 창의성이 발휘되는 것이다. 아이디어가 찬바람만 맞고 떠오른다면 필자는 한겨울 내내 뛰어다닐 의향도 있다. 예술을 정리정돈한다는 베얼리의 창의성 높은 작품 하나를 더 살펴보고 창의성을 천재성까지 끌어올려 보자.

16세기 네덜란드 화가 브뤼겔은 서민들의 결혼식 등

브뤼겔의 〈카니발과 금욕기간의 싸움〉에 등장하는 사람들(위)을 우르주스 베얼리가 정리 한 그림(아래).

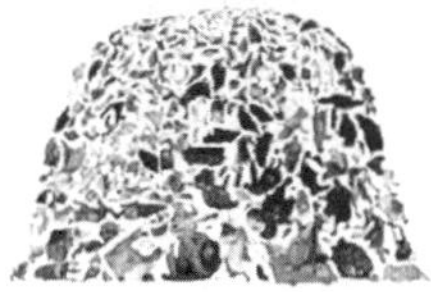

사람들이 우글우글하는 그림을 주로 그렸는데 21세기 베얼리가 브뤼겔의 그림도 깔끔하게 정리했다. 베얼리가 기존의 틀을 해체하는 작업은 흥미롭다. 이 흥미롭다는 것은 베얼리의 정리하는 아이디어를 사람들이 재밌어 하는 거다. 유명 화가 그림이 1탄이라면 베얼리 그림은 2탄 같은 느낌인데 베얼리가 기존 유명 화가들의 그림을 90% 이상 베꼈지만 아무도 모방했다고 문제 제기하지 않는다.

그 이유는 독특한 창의성이 있기 때문이다. 잘 베낀 건 티가 나지 않는다고 하는데 천재성이 결여된 사람들은 일단 천재들을 베끼고 그걸 창의적으로 변형시켜야 한다.

필부필부匹夫匹婦 평범한 사람들이 빈센트 반 고흐 같은 천재성을 따라가지는 못하겠지만 베얼리 정도의 창의성이라면 누가 옆에서 창의성 개발 코치만 잘 해 주면 가능하지 않을까?

우리나라의 유명 만화 스토리 작가도 자신의 작가관 혹은 아이디어 테크닉을 소개하면서 고정관념을 깨기 위해 시점을 바꾸는 방법을 활용한다고 이야기하고 있다.

> 아이디어 테크닉이라고 할 수 있고 아니면 작가관이라고 할 수도 있고. 시점을 바꾸는 것을 좋아해요. 시점을 바꾸는 것을 좋아해서. 시점을 바꾸면 전혀 다른 이야기가 되거든요. 고정관념을 깨기 굉장히 쉬운, 제가 고정관념을 깨는, 제가 선호하는 방법 중의 하나가 시점을 바꿔 버리는 거예요. —만화 스토리 작가

[천재적이지 못한 사람들은 일단 호기심이라도 갖자]

빈센트 반 고흐보다 한 단계 높은 천재가 레오나르도 다빈치 같다(필자의 주관적 판단임). 그는 어려서부터 모든 것

에 호기심을 갖고 창의성을 발휘하여 그 당시에 자동차, 비행기, 헬리콥터, 자전거, 전차 등을 생각해 냈고, 〈모나리자〉, 〈최후의 만찬〉 같은 그림을 그렸고, 사람, 동물 해부까지 한 레오나르도 다빈치의 천재성 앞에 할 말을 잃는다. 다빈치, 에디슨, 아인슈타인 그리고 음악의 천재 모차르트까지, 이런 분들은 굳이 사물을 삐딱하게 보고 어쩌고 저쩌고 하는 창의성 개발이 필요없다. 천재로 태어난 사람들의 언행 자체가 창의성 발현이기 때문이다. 색다른 생각, 톡톡 튀는 레오나르도 다빈치의 천재성(울트라 창의성)이 우리의 문명을 발전시켰다. 천재성은 타고나는 것이다. 오죽하면 나름대로 창의성을 갖춘 살리에르가 모차르트의 천재성 앞에서 신을 원망했을까. 그리고 20세기 천재 화가 중의 한 명이라 칭송되는 스페인의 초현실주의 화가 미로Joan Miró(1893-1983)는 스페인의 프랑코 독재에 반대하는 공산주의자들이 주도하는 공화파의 기금 마

호안 미로(Joan Miró, 1893-1983)

련을 고민하다가 자신의 그림을 판화로 찍어 사람들한테 1장당 1프랑씩 받고 판매하여 공화파에 자금을 제공했다고 한다. 미로 같은 천재는 부단한 노력까지 하고 거기다 자기 몸 관리까지 잘 해서 90세까지 살면서 수많은 작품들을 만들어 냈는데 그의 천재성에 대해 주위 동료 화가들이 "우리가 돌멩이를 주으면 그것은 그저 돌멩이일 뿐인데 미로가 주으면 그것은 작품이다"라고 말할 정도였다.

영화 〈라따뚜이〉에서도 프랑스의 천재 요리사 구스토가 만든 레스토랑에 근무하는 여자 요리사가 주방 보조로 들어온 사람한테 "요리의 창조는 구스토가 하는 거고 우리는 그걸 따라하기만 하면 돼"라고 말하는데 이처럼 천재성은 범부들을 주눅들게 만든다. 그래도 천재성을 타고나지 못한 필자를 포함한 범부凡夫들은 각고의 노력을 해서라도 천재성 비슷한 창의성이라도 흉내내야 한다. 김소월처럼 시를 쓸 때마다 주옥 같은 시는 창작해 내지 못하더라도 주부 백일장에 뽑힐 시 한 편이라도 쓰기 위해서는 김소월 시를 수백 번 읽고 그의 시어를 베껴 놓아야 한다. 미국에서 어린이들 야구리그인 '리틀리그'를 창시한 칼스토츠라는 사람도 창의성을 발휘하여 약간 변형된 야구

룰을 만들어 돈까지 번 인물이다

공황기였던 1938년 거의 무일푼의 실직자였던 한 남자가 창안한 리틀리그 야구만큼 미국인들의 생활에 여러 가지 층위에서 영향을 끼친 스포츠 프로그램은 없었다. 바로 그 사나이 칼 스토츠는 아버지를 따라 야구경기를 본 기억을 소중하게 간직하고 있었다.

1938년, 28세의 칼 스토츠는 공황의 와중에 이 직장, 저 직장을 전전하면서 두 딸과 함께 살고 있었다. 때때로 그는 어른들의 글러브와 자기 키만 한 방망이를 든 조카들과 함께 캐치볼을 하면서 놀곤 했다. 그때마다 아이들은 스포츠 캐스터의 말투를 흉내내며 가상의 경기 '중계'를 하곤 했다. 그러던 스토츠는 왜 아이들은 머릿속의 경기가 아닌 진짜 경기를 즐길 수 없을까 생각하기 시작했다. 아이들의 경기라면 어른들의 경기보다 규모를 줄이면 되지 않을까 〔…〕 스토츠는 야심찬 소년 리그를 구상하고 있었다. 〔…〕 또한 가능한 한 모든 아이들이 참여할 수 있는 룰도 만들었다. 맨 처음에는 외야에 세 명이 아닌 네 명의 외야수를 배치했다. 왜냐하면 한 아이라도 그냥 벤치에 머물게 하고 싶지 않았기 때문이다. 어른들의 메이저 리그가 아닌 아이들만의 리그를 꿈꾸었던 칼 스토츠는 리틀리그를 만들었다.

—게리 윌스, 《시대를 움직인 16인의 리더》(작가정신, 1999) 중에서

'어린이 야구는 어른들 경기보다 규모를 줄이면 되지 않을까?'라는 칼 스토츠의 삐딱한 시선에서 출발한 호기심이 그의 개인적 경험(조카들과 야구 시합한 것)과 결합하여 어린이들만의 야구 시합이라는 창의적인 야구 리그를 만들어 낸 것이다. 창의성은 노력으로도 만들어질 수 있다는 사실에 안도의 한숨을 쉬며 천재적인 야구 선수와 그렇지 못한 선수를 통해 조금 더 알아보자.

[창의성 발휘를 위해 몸부림쳐라]

한국 프로야구의 천재는 이승엽이다. 깔끔한 타격 자세, 간혹 한쪽 발을 살짝 들어치는 외다리 타법까지 세계 최연소 300홈런을 달성한 이승엽이라는 홈런왕 뒤에서 살리에르

같은 2인자는 양준혁이다. 양준혁의 아래 인터뷰는 창의성 개발의 핵심적 방법을 제시해 준다.

> 이승엽을 보면서 많이 배웠고 늘 내가 부족하다고 생각했습니다. 그를 본받으려고 노력하면서 만세타법 등으로 타격 자세를 바꾸면서 늘 변해야 살아남을 수 있다는 강박관념을 가지고 살아 왔습니다. —《한겨레신문》 2007.6.11.

양준혁의 '만세 타법'

창의성 개발에서 핵심 포인트는 '변화'와 '강박관념'이다. 양준혁은 타율이 급락했던 2002년에 '만세 타법'이라는 폼나지 않는 자세로 타격 폼을 바꿨고 2005년에는 오픈 스탠스를 버리고 간결한 스윙으로 타격 자세를 바꾸면서 '15년 연속 세 자릿수 안타'라는 대기록을 달성할 수 있었다. 그는 멋진 폼으로 공을 치는 이승엽이라는 천재를 보면서 변화의 몸부림을 친 것이다. 방법이 없다. 천재가 아닌 이상 피나는 노력을 할 수밖에 없다. 그런데 그 노력의 기본 자세는 '변화'다. 단, 변화의 기본 자세를 취하기 전에 먼저 현재 상황인 현실을 정확하게 파악해야 한다. 변화의 몸부림은 현실과 결부되어야지만 창의성을 잘근잘근 씹어 소화시킬 수 있다. 창의성을 씹어 낸 소화력은 개인의 삶을 살찌우고 나아가 사회를 발전시켜 내는 것이다.

창의성 개발의 두 번째 핵심 포인트는 '강박관념'이다. 국민타자 이승엽을 보면서 '변해야 살아남는다'는 강박관념이 양준혁을 창의성 있는 야구선수로 만들었다. 앞서 레오나르도 다빈치 같은 한 개인의 창의성이 세계 문명을 바꿨지만 그때는 사회 체제가 단순했던 시대였기에 가능한 일이었다. 현대 사회에서 사회 전체가 창의적이지 못할 경우 개인의 창의성은 실패로 끝날 수밖에 없다는 것을 살펴보자.

한국 프로야구계의 혁명아 이광환 감독

한국 프로야구를 창의성 있게 바꾸려 한 사람으로 이광환 감독이 있었다. 1992년 LG 프로야구단의 감독으로 취임한 그는 기존의 집단합숙 야구 훈련 방식과 구별되는 '자율 야구'로 오후 3시만 되면 선수들 개개인이 스스로 훈련하는 시스템을 도입하여 프로 야구계에 삐딱한(신선한) 바람을 일으켰다. 포수가 투수의 공을 받을 때마다 일일이 감독의 사인을 먼저 받아 감독 의도대로 야구를 할 정도로 한국 프로야구가 타율 야구의 틀을 벗어나지 못하고 있을 때 그는 자율 야구로 기존의 틀(고정관념)을 벗어나, 한국 프로야구를 한 단계 업그레이드시키려 했다. 투수 등판 시 선발, 중간 계투, 마무리 개념을 도입하며 당시 다른 팀들의 주먹구구식 투수 기용(에이스 투수

LG프로 야구단의 모습

가 승리를 위해 시도 때도 없이 등판하는 것)과 정면으로 부딪혔다. 그러자 타 구단들은 비상이 걸렸다. LG의 자율 야구가 성공하면 그동안 무의식적으로 해 왔던 자신들의 타율 야구가 잘못된 걸로 검증되기 때문에 타구단은 LG와의 게임에서는 무조건 선동열 같은 에이스 투수를 내보내 이기려 했다. 이러한 타구단의 철저한 견제 속에서 LG의 자율 야구는 1996년을 끝으로 막을 내려야 했다. 전체 시스템이 타율 야구인 상황에서 자율 야구가 성공하는 것은 18세기 프랑스가 대혁명으로 봉건제를 타도하고 유럽 여러 봉건 국가의 침략으로부터 혁명의 불꽃을 지켜내려 했던 것만큼 가쁜 숨이 턱에 차는 것 같다.

1996년에 막을 내린 이광환 감독의 자율 야구를 현실에 맞지 않는 아이디어라고 평가절하하기도 하지만 '타율적 야구'에 길들여져 있는 타구단의 극심한 견제와 야합(?) 속에서 '자율 야구'라는 한 개인(구단)의 변화 노력은 전체 시스템이 창의적으로 바뀌지 않으면 소용없다는 역사적 교훈을 남겼다. 그 당시 해태 타이거즈가 호랑이 김응룡 감독의 위계질서 확실한 봉건적 시스템으로 한국시리즈를 12번 우승한 것보다 '자율 야구'라는 삐딱한 창의성을 발휘하여 한국 프로야구를 프로야구답게 만든 야구 혁명가 이광환…. 그는 멋진 프로야구 감독이고 그가 지핀 자율 야구의 작은 불씨가 언젠가는 한국 프로야구라는 광야를 활활 불사를 것이다.

'자율 야구'처럼 '성실맨보다는 아이디어맨이 낫다'는 '창의 시정'이라는 캐치프레이즈를 내건 오세훈 서울시장은 창의적인 아이디어를 제시한 공무원에게 '성과 포인트'를 주며 무사안일과 복지부동의 상징이던 공무원들의 자세를 변화시키려 하고 있다. 전임 이명박 서울시장의 '청계천 복원'이라는 성과물에 대한 강박관념이든 간에 서울시의 '창의 시정' 정책에 맞춰 나온 공무원들의 아이디어 1등급은 '남산 위에 인공 달 띄우기'와 '한강에 수상 도서관 건립'이라는 현실성 없는 것들이다. 해방 이후 '창의적 아이디어'를 내 본 적이 없는 공무원들에게 아이디어를 현실화로 연결시켜 보라는 것은 애초 무리한 요구이다. 한 조사 내용을 보면 공무원 사회의 창의성 발현은 무리가 아니라 불가능 같다. 한 조사에 의하면 우리나라 젊은이들의 32.9%가 공무원시험을 준비하며 안정적인 직장을 구하는 데 몰두하고 있다고 하는데, 이런 목적하에 공무원 시험에 합격한 젊은이들에게 창의적 아이디어를 내라고 한다는 것은 '나무에 올라가서 물고기를 구한다'는 연목구어緣木求魚 같은 행위일 뿐이다. 예산 낭비하느니 차라리 안 하는 게 낫지 않을까.

창의성은 모험의 바다에서 헤엄치기

우리 사회의 고정관념(강남 8학군에서 공부하고 좋은 대학 나와서 공무원 같은 안정된 직장에 입사 등)을 벗어나지 않으려 하는 창의성 없는 젊은이들이 지배계급이 되는 사회가 과연 희망이 있을까? 도올 김용옥도 "모험하지 않는 문명은 사멸한다"고 했는데 모험하지 않는 젊은이들의 집합체인 공무원 사회에서 창의적인 아이디어를 내는 사람은 '튀는 사람'으로 찍히기 십상이고 아이디어 많이 낸다고 승진이 빠른 것도 아니다. 연공서열이라는 기존의 틀 속에서 입사 순서대로 승진하는 공무원들과 달리 2006년 KLPGA에서 5관왕을 차지한 프로골퍼 신지애가 인터뷰에서 "아빠는 확률적으로 성공 가능성이 높은 샷만을 하라고 고집하지만 저는 보다 창조적인 샷을 할 생각이에요"라고 했는

데 신지애를 공무원으로 특채시켜라! 그게 서울시의 '창의 시정'보다 창의성 바람을 일으킬 것이다

창의성 개발의 시작은 고정관념을 깨는 것이다. 고정관념은 사회의 지배계급이 바라는 정해진 길일 뿐 그것이 진리는 아니다. '이거 다음에 뭐가 되고 뭐가 되면 저걸 해야 한다'는 식의 만연해 있는 성공 고정관념이 창의성 발휘를 가로막을 뿐만 아니라 사회 발전까지도 가로막는다. '왜?'라는 질문이 허용되지 않고, '까라면 까'라는 군대식 틀 속에서 창의성 발현자들은 반항아로 비쳐질 수밖에 없다. 창의성은 작게는 개인의 발전이지만 크게는 부국을 이루는 원천이 된다. '육지보다 낮은 땅'이라는 나라 네덜란드는 창의적 사고로 나라를 변화시켰다. 프랑스, 영국, 독일 등 유럽 강대국 사이에서 거기다가 치명적으로 바다에 땅이 가라앉을 위험까지 있는 네덜란드가 그들의 '강박관념'을 창의적으로 소화(극복)해 냈다. 인생에서 성공하는 비결 가운데 하나가 장애물을 장애물로 인식하지 않고 도약대로 삼는 것이라는데 네덜란드는 자신들을 위협하는 '바다'라는 치명적 상황을 '기회'로 삐딱하게 바라보고 전 세계 바다로 진출하였다. 그들은 조선시대 때 하

멜을 표류하게 만들 정도로 일본까지 해상 무역권을 넓혔다. 그 당시 네덜란드 인구의 절반이 배를 타고 나섰고 그 중 절반 정도만이 살아서 귀환했을 정도로 모험을 두려워하지 않았고, 그들은 마침내 '선진국'이라는 선물을 조국에 선사할 수 있었던 것이다. 우리나라를 비롯한 세계 여러 나라에 히딩크, 아드보카트 등 네덜란드 출신 축구 감독들이 많은 이유는 해외 진출을 두려워하지 않았던 선조들로부터 물려받은 타국 언어 체득의 용이함과 낯선 나라에서 부딪히는 모험을 두려워하지 않았던 도전 정신과 무관하지 않을 것이다.

[될 만한 창의성을 투자 개발하자]

그렇다면 지금부터라도 창의적 사회 건설을 위해 무엇을 해야 할 것인가?

머리가 굳을 대로 굳어 버린 공무원들을 상대로 창의성 교육을 하지 말고 자라나는 어린이들의 창의성을 개발시키는 것이 당연지사인데 어느 잡지를 보니 우리나라 영재들, 특히 민사고 학생들 아버지들 중에는 자기 자식과 어릴 때부터 집에서 영어로 대화하며 아이들 창의성을 개발시켰다고한다. 그런데 과연 우리나라 부모 중에서 자녀들과 영어로 대화할 수 있는 아버지가 몇 명이나 있을까? 아이들의 창의성 개발을 이처럼 개인 차원(가정)으로만 돌리면 '부의 세습'처럼 잘살고 똑똑한 부모 밑에서 창의성 있는 아이가 나올 확률만 높아진다.

영화 〈쥬라기 공원〉 등을 제작 감독한 SF 영화의 거장 스티븐 스필버그는 어릴 때 부모가 생일선물로 사 준 비디오 카메라로 영화감독의 꿈을 키웠고 노벨상을 수상한 어느 과학자는 집안에 있는 TV, 라디오 등 모든 가전제품을 뜯어 분해한 걸 본 부모들로부터 '잘했다'는 칭찬을 들으며 자랐다는데 이것도 사실 집안에 여유가 있는 사람들만이 가능한 이야기다. 1970년대 유신정권 시절, 노동에 지친 몸을 이끌고 집에 돌아와 라디오 드라마 듣는 게 유일한 낙인 아버지의 아들이 집안에 달랑 하나 있는 가전제품인 라디오를 호기심으로 뜯어 고장 냈을 경우, 그 아이는 아버지한테 맞지 않으면 다행이었다. 맞았거나 맞지 않았어도 아이는 그 다음부터 섣불리 호기심을 발휘하지 않았을 것이다. 발휘된 호기심을 소화시킬 수 있는 창의적인 시스템(부유한 가정)이 갖춰져 있지 않은 상황에서 호기심은 소화불량으로 끝나고 만다. 그러면 여기서 소화불량일 뻔한 재미 있는 표어 하나를 살펴보자.

아래 그림은 어느 중학교에서 '어버이날 행사 표어'를 내라고 하자 한 학생이 '표어 내라 하지 말고 부모님께 효도나 해'라는 표어를 낸 걸 그 학교 미술선생이 반항하는 듯한 학생의 표어가 귀여워 디지털 카메라로 찍어 신문사에 투고한 사진이다. 어버이날 표어 하면 천편일률적으로 '부모님께 효도하고 나라에 충성하자', '부모님 살아 생전 효도하자'는 내용 일색인데 이 학생은 남들과 다른 창의성(?)을 발휘하여 '표어 내라 하지 말고 부모님께 효도나 해'였다. 이 학교 미술선생이 군사부일체라는 고정관념에 사로잡힌 분이었다면 이 학생한테 반성문에 체벌까지 가했을지도 모른다. 그러면 이 학생은 기가 꺾여 다시는 남과 다른 튀는 행동을 하지

《한겨레신문》〈디카세상〉(2007. 5.22, 인천 서곶중 김현정 교사)에 실린 사진을 필자가 디지털 카메라로 재촬영함.

않을 거다. 소화불량으로 이 학생은 좀체 성장하지 못한다. 이처럼 창의성 개발은 개인에게 맡겨서는 안 된다. 국민들로부터 세금을 걷어 가는 정부가 창의성 개발 지도자가 되어야 한다. 창의성 개발 교육이 모든 어린이들에게 행해질 수 있게 정부가 시스템을 만들어 줘야 한다. 앞에서 '빈센트 반 고흐 같은 천재성을 따라가지는 못하겠지만 베얼리 정도의 창의성이라면 누가 옆에서 창의성 개발 코치만 잘 해 주면 가능하지 않을까?'라는 필자의 질문에 대한 정답은 '정부'다. 창의적인 정부가 아이들의 창의성 개발을 해 줘야 한다.

그렇다고 정부가 아이들의 창의성 개발에 필요한 모든 것을 다 해 주기만을 기대하고 가정에서 부모들이 나 몰라라 하고 있으면 그건 사과나무 밑에서 입 벌리고 사과 떨어지기만을 기다리는 꼴이다. 떨어지는 사과를 보며 만유인력을 발견한 뉴턴 같은 천재성은 우리 부모들이 발휘하지 못하더라도 최소한 아이들의 호기심을 꺾어서는 안 된다. "시키는 일이나 잘 해! 딴생각하지 마!" "쓸데없는 말 그만하고 공부나 해", "왜 남들은 그렇게 하는데 너만 틀려?" 유의 책망은 부모들이 삼가해야 한다.

일상생활 속에서 부모들이 발휘할 수 있는 창의성 한 가지를 소개한다. 밥 잘 안 먹고 책 잘 안 읽는 아이들을 위해 집안 거실에 텐트를 쳐 놓는다. 그러면 아이들은 캠핑 분위기를 느끼고 텐트 안에서 밥도 잘 먹고 부모들이 텐트 안에서 독서를 하면 시키지 않아도 아이들이 스스로 책 갖고 와서 함께 읽을 것이다. '텐트는 왜 집 밖에서만 쳐야 하는가?'라는 고정관념에 대한 삐딱한 시선이 창의적인 텐트를 만들어 낼 것이다.

이처럼 일상생활 속에서 깰 수 있는 고정관념은 무진장 많다. 그중에 '우산을 손으로 든다'는 고정관념을 깬 창의성있는 핸즈프리 우산을 소개한다.

비 오는 날 아기를 안고 외출할 때 핸즈프리 우산만큼

우산을 어깨에 고정시킬 수 있는 핸즈프리 우산

편한 우산이 있을까? 인간의 발전사를 살펴보면 네 발로 걷다가 직립보행을 하면서 두 손이 자유로워지게 되었고, 자유로워진 손을 이용해 도구를 만들고 사용하였으며, 도구를 사용하여 창의적인 새로운 것을 만들었다는 것을 알 수 있다. 우산은 분명 문명의 이기利器이지만 우산으로부터 인간의 양손이 자유로워지면서 우리 삶이 더욱 윤택(아기를 더욱 잘 돌볼 수 있음)해질 수 있기 때문에 위의 아이디어는 창의성이 제대로 발현된 사례다. 그렇다면 창의성 발현이 반짝했다가 다 타 버린 모기향의 마지막 연기처럼 비실비실 꺼져 버린 예를 살펴보자.

1980년대 전두환 집권 시절 '땡전 뉴스'라 해서 KBS, MBC에서 9시 '땡' 하는 시보와 함께 나왔던 뉴스 앵커의 멘트는 "전두환 대통령은…"이었는데, 방송사의 메인 뉴스는 저녁 9시에 방송됐다. 그러나 1991년에 민영방송 SBS가 생기면서 '뉴스는 9시'라는 고정관념을 깬 '8시 뉴스'가 생겼다. 뉴스 진행 앵커는 늘 앉아서 엄숙한 자세였는데 SBS 8시 뉴스 앵커는 아나운서나 기자가 아닌 영화배우 이혜영이 그것도 일어서서 진행(공동진행)했다. 뉴스명도 'SBS 뉴스 쇼', 딱딱한 뉴스를 쇼처럼 재미있게 만들

1991년 12월 11일 첫 방송된 〈SBS 뉴스 쇼〉

겠다는 파격적인 기획의도에는 공중파 TV 후발 주자라는 '강박관념'이 크게 작용했지만 SBS 8시 뉴스는 독특하긴 했지만 창의적이지 않았다. 기존 타 방송 뉴스와 차별화되지 못한 뉴스는 형식만 새롭지, 내용은 전혀 새롭지 않았기 때문에 낮은 시청률을 벗어날 수 없었다. 그리고 8시 뉴스 시청률을 높이기 위해서는 방송사 킬러 콘텐츠인 드라마를 뉴스 앞 시간대에 편성해야 되는데 오후 7시에 시작되는 TV드라마를 주부들이 시청하기엔 할일이 너무 많은 시간대였다. 현실에 기인하지 못한 독특함이 변화가 아닌 소동만 일으켰을 뿐이다. 그래도 SBS가 '한 시간 빠른 뉴스'라는 모토하에 아직까지 저녁 8시 메인 뉴스를 고집하고 있는데 인터넷 포털사이트에서 시시각각으로 뉴스 속보가 뜨는 요즘 세상에 고작 한 시간 빠른 뉴스라니…. 빙하기 멸종 직전의 공룡을 보는 듯하다.

지난 70년대 80년대 군사정권 시절, 잘못된 사회를 창의성 있게 변화시키려던 삐딱이들(운동권 세력)을 '사회에 불평불만을 품은 위험 인물'로 분류했다. 왜냐하면 기존 사회 시스템을 따르지 않고 타인과는 다른 생각과 행동을 했기 때문이다. 이처럼 사회를 발전시킨 사람은 고정관념 틀 안에서 다람쥐 쳇바퀴 돌듯 살아온 사람이 아니라 호기심 어린 눈으로 사회 변화를 꾀한 모험가 기질이 있는 삐딱이들이다. 자, 이제 삐딱한 시선의 사람들을 더 이상 삐딱이라고 부르지 않는 그런 창의성 있는 사회를 꿈꾸며 아래의 노래 가사로 글을 맺을까 한다.

> 너무 착하게만 (보이려고 안간 힘을 쓰네)
> 너무 훌륭하게 (보이려고 안간 힘을 쓰네)
> TV를 봐도 라디오를 켜도
> 삐따기의 모습 (보이지도 들리지도 않네)
> 있는 그대로 얘기할 수 있는 삐따기

조금 삐딱하면 (이상하게 나를 쳐다보네)

조금 삐딱하면 (손가락질하기 바쁘네)

훌륭한 사람 착한 사람들이

모든 사람들이 (자기들이 바르다고 하네)

오늘 하루도 그렇게 저물어 가는데

삐딱~ (하게) 삐딱~ (하게)

삐딱삐딱~ (하게) 삐딱삐딱~ (하게)

삐딱~ (하게) 삐딱~ (하게)

그가 서 있는 땅 삐딱하게 기울어져 있네

—강산에, 〈삐딱하게〉

▦ 김형진

하고 싶은 말이 무엇입니까

소통과 창의성

폐광 위기를 맞은 일본의 한 탄광촌을 하와이언 훌라댄스 테마파크로 만들어 가는 과정을 그린 〈훌라 걸스Hula Girls〉(2006)라는 영화가 있다. 훌라댄스 선생과 무용단원들 간의 훈훈한 사랑이 잘 묘사되어 있는 이 영화 속에는 자신이 원하지 않지만 주민들과 오해로 인하여 단원들을 버려 둔 채 혼자 기차를 타고 떠나가는 무용선생에게 무용단원들이 플랫폼에서 이전에 무용선생이 가르쳐 준 수화를 통해 '당신을 사랑합니다'라고 이야기하고(159쪽 사진 참조) 그 모습을 차창 밖으로 본 선생이 감동을 받아 기차에서 내리는 장면이 있다.

이 상황에서 무용단원들의 무용선생에 대한 간절한 사랑을 표현하는 가장 적절한 의사표현 수단은 '수화'였다. 그 어떤 외침보다, 그 어떤 애원보다 더 효과적인 수단은 아무런 소리 없이 마음을 합하여 손가락으로 만들어 가는 수화였다. '선생님을 사랑한다, 그러니까 가지 말라'는

영화 <훌라 걸스>에서 무용단원들이 떠나가는 무용선생에게 수화로 이야기하고 있다

무용단원들의 '의도'를 가장 정확하게 표현해 내는 수단이었다.

인간의 창의성이란 무엇일까? 나는 창의성의 핵심은 모든 인간이 고유하게 가지고 있는 '의도'라고 생각하며 이러한 의미에서 창의성을 <훌라 걸스>의 한 장면에 나온 '수화'라고 부르고 싶다.

의도를 가지고 있는 모든 인간은 창의적이다

창의성의 핵심이 '의도'라는 말을 풀어가 보자. 창의성은 기본적으로 '다름'에서 출발한다. 기존의 것들과 다른 작품, 다른 디자인, 다른 상품을 우리는 '창의적'이라고 부른다. 그리고 이러한 '다른 작품, 디자인, 상품'은 '다른' 사람들에 의해 만들어진다. 즉, '다름'을 통해 드러나는 창의성은 '다른' 사람에 의해 만들어진다.

'사람 간 다름'은 왜 생기는 걸까? 외양으로 나타나는 모습이 다를 수 있고 목소리로 표현되는 소리가 다를 수 있다. 하지만 본질적인 '다름'은 개개인이 가지고 있는 생각 혹은 의도가 달라서 생기는 것이라고 보인다. 따라서 모든 인간은 '창의적'이라고 말할 수 있다.

우리는 예술작품을 감상하고 평가할 때 작가의 의도를 파악하고 이해하려고 애쓰는 이유는 바로 그 의도에 작가의 창의성이 담겨 있기 때문이다. 또한, 문화예술 작품을 만드는 사람들의 작업 과정에서도 의도는 매우 중요한 요소로서 작용한다. 문화산업에서 이 의도는 주로 기획서를 통해 구체화된다. 소위 말하는 기획의도라는 것이다. 기획의도는 작품의 핵심적 창의성을 담고 있으며 작품을 만드는 전 과정에 있어 제작진 간 의사소통 및 협조의 가장 중심적인 기준이 된다. 한 업체가 개발한 자동차 게임을 예로 들어 보자. 아래의 그림은 이 게임에 사용된 자동차 디자인 중 일부이다.

이 자동차 게임이 기존 자동차 게임과 달랐던 부분은 기존 자동차 게임이 자동차를 사실적으로 디자인하고 경주에서 이기는 것이 주 목적이었다면 이 게임에서는 이용자들이 쉽게 친숙해질 수 있는 귀여운 자동차 캐릭터를 만들고 경주에서 이기는 것 이외의 재미와 즐거움을 주자는 것이었다(전문적 용어로 캐주얼 익스트림 레이싱 게임). 창의성이라는 관점에서 중요한 것은 '귀여운 자동차를 사용한 재미있는 자동차 경주'라는 게임 기획의도이지 귀여운 자동차 디자인이 아니다. 디자인은 '재미있는 자동차 경주'라는 창의적 의도를 나타내기 위한 수단이 된다. 즉, 자동차 경주에서 이긴다는 기존 생각과 다른 '재미있는 경주'라는 의도가 창의성의 핵심이 된다.

문화예술 작품은 여러 관련 전문가들이 모여서 만드는 경우가 많은데, 좋은 작품이 나오기 위해서는 다음 인터뷰에서 강조되듯이 작업 종료 시점까지 기획의도가 관철될 수 있어야 한다.

> 의사소통의 부분들이 이런 부분들을 많이 커버해 준다고 생각을 하거든요. 자기가 표현하고자 하는 부분에 대해서 꾸준한 일관성을 가져 가고, 하고자 했던 의도대로 완료시킬 수 있는 부분이라고 생각을 하고요.
>
> —게임 기획자

이런 의미에서 문화예술 작품을 만드는 사람들에게 요구되는 예술적 역량(창의적 역량)은 제작 혹은 기획의도를 파악하고 이를 표현해 내는 능력이라고 볼 수 있다. 영화 특수효과 업체 대표는 "특수효과를 하는 사람에게 있어서 예술적 역량이라는 건 어떤 겁니까?"라는 질문에 대해 다음과 같이 대답하고 있다.

> 작품을 분석하고 감독의 의도를 파악하고. 그런 걸 전혀 모른다면 그것도 답답한 거죠. —특수효과 업체 대표

창의성은 의도가 없는 우연과 구분된다

창의성의 핵심이 의도라는 점에서 창의성은 우연과 구분된다. 일부 사람들은 피카소나 마티스가 그린 추상화들을 보면서 '저거 나도 그릴 수 있겠다', '저런 그림이 왜 사람들의 칭송을 받을까'라는 생각을 가졌던 적이 있을 것이다. 미술 사조에 지대한 영향을 미쳤다든지 남들이 생각하지 못한 표현 기법을 처음으로 사용했다든지 하는 설명, 혹은 거장이니까라는 설명 이외에 천재들의 그림을 보통사람들의 그림과 구별할 수 있는 주요한 구별점은 보통사람들에 비해 거장들은 자신의 정확한 의도를 표현해

피카소, 〈게르니카Guernica〉(1937)

낸다는 점이다.

피카소의 게르니카라는 그림을 보면서 우리는 피카소가 그림을 통해 표현하고자 했던 전쟁의 참혹함과 반전이라는 의도를 읽을 수 있으며, 그 의도를 '이런 그림으로 표현할 수 있구나' 하면서 감탄을 하곤 한다.

물론, 문화예술 작품을 만드는 과정에서 의도와는 다르게 우연하게 만든 작품이 높은 창의성을 가질 수 있다. 하지만 일반적인 경우, 창의적 문화예술 작품은 치밀한 의도를 기반으로 만들어진다. 영화 미술감독은 자기 작업에 있어 창의성이란 새로운 것을 만드는 '현대물'이 아니라 자신이 생각하는 의도를 표현하는 것이라고 정의하고 있다.

> 영화 중에서 현대물이나 이런 것은 창작성이 아니고 자기가 하고 싶었던 것, 예를 들어서 자기 의도대로 제대로 하느냐 못하느냐 그런 것이죠. —영화 미술감독

창의성을 키우고 싶은 자여, 생각하라, 표현하라. 그리고 소통하라

창의성이란 각 개인이 가지고 있는 다른 의도를 표현하는 것이라고 종합할 수 있다. 그렇다면 남들과 다른 자신만의 고유한 생각은 어떻게 발전하는 것일까? 그것은 고집불통, 유아독존 식의 고립된 나만의 생각은 아니다. 나의 생각은 그것이 표현되고 남들과 소통을 할 때 더욱 더 발전할 수 있다.

창의성을 키우고 싶은 생각이 있는가? 그렇다면 일단 자신의 생각이 무엇인지에 대해 고민하라. 그리고 그것을 표현하라. 당신만의 독특한 방식이면 더욱 좋을 것이다. 글, 음악, 그림, 사진, 동영상 등 기존 표현 매체 이외에도 당신의 신체, 복장 등 다양한 표현 매체가 존재한다. 당신

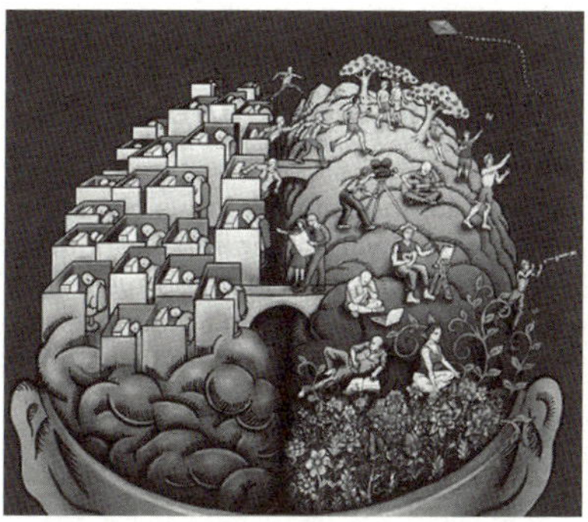

만의 방식으로 표현된 당신의 고유한 의도를 다른 사람들과 소통하라. 당신의 생각은 발전할 것이며 당신은 보다 발전된 당신의 생각과 표현을 가지게 될 것이다. 창의성은 사유, 표현, 소통을 통해 키워지고 변화하는 유기체이다. ■ 황준욱

무소유는 힘이 세다

몰입과 창의성

무소유無所有란 무엇인가? 말 그대로라면 아무것도 갖지 않는다는 것을 의미하는데, 그러한 무소유는 창의성과 무슨 관련이 있을까? 창의적인 사람이 되려면 출가出家하여 구도求道의 길이라도 걸어야 한다는 소리인가?

무소유는 원래 산스크리트어인 시마티가simatiga를 번역한 말로, 일반적으로는 '가진 것이 없는 상태'를 의미한다. 불교에서는 단순히 소유하지 않는 것이 아니라 번뇌의 범위를 넘어서 모든 것이 존재하는 상태를 말한다(《두산세계대백과사전》). 여기서 의미하는 '무소유'란 '아무것도 갖지 않는다'는 의미가 아니라, 법정(2006)이 말하는 바와 같이 '불필요한 것을 갖지 않는 것'을 말한다. 그러므로 무소유의 삶이란 꼭 필요한 것만 갖고서 사는 태도를 의미한다. 우리가 일반적으로 연상하듯이 남루한 옷을 입고 속세를 등진 구도자들만이 무소유의 삶을 살아갈 수 있는 것은 아니다. 속세에서도 소유에 집착하지 않고 성공만을 목표로

삼지 않는다면 무소유의 삶은 충분히 가능하다. 그렇다고 무소유가 일은 하지 않고 취업할 의사도 없는 룸펜Lumpen의 삶을 정당화하지는 않는다. 무소유는 불성실한 빈털터리가 자신의 삶을 합리화하기

위하여 사용할 수 있는 용어가 아니다. 무소유는 자신의 존재를 위하여 최선의 노력을 다하지만 소유의 욕망으로부터 자유로워져서 그것에 얽매이지 않는 것을 말한다. 성공에 집착하고 세속적인 목표를 소유하기 위하여 일을 하는 것이 아니라 오히려 일 자체를 즐기고 좋아하여 최선을 다하는 것이 무소유의 삶인 것이다.

소유한 것을 버리고 모든 속박에서 그대 자신을 해방시키라. 그리고 존재하라. 인간의 목표는 풍부하게 소

> 유하는 것이 아니고 풍성하게 존재하는 것이다. 크게 버리는 사람만이 크게 얻을 수 있다는 말이 있다. 아무것도 갖지 않을 때 비로소 온 세상을 갖게 된다는 것은 무소유의 또 다른 의미이다. —법정, 《살아 있는 것은 다 행복하라》(2006)

'소유'가 지배적인 코드인 현대사회에서 무소유의 삶을 살아가는 것이 쉽지는 않다. 현대사회에서는 누가 무엇을 얼마나 소유하고 있느냐에 따라 그 사람을 평가하기 때문이다. 어떠한 학력을 소유하였는지 어떤 차를 몰고 다니는지 어떤 집을 갖고 있는지 하는 것이 그 사람을 인정하기 위한 기준으로 작용한다. 그러나 좋은 대학을 나와서 외제차를 몰고 다니고 학군 좋은 지역에 대형 아파트를 갖고 있는 사람이 현대사회에서 인정을 받을 수 있을진 몰라도 진정한 행복을 누리고 있는가 물었을 때에 부정적인 대답을 할 가능성이 있다.

행복에 관한 많은 연구들에 따르면, 교육수준, 나이, 성별, 소득수준 등과 같은 인구통계학적 변수들이 행복 수준을 설명할 수 있는 비중은 약 15%에 불과하다고 한다.

건강, 부, 명예, 육체적 안위 등과 같은 외적 조건은 행복에 영향을 미칠 수 있지만 그 자체에 행복의 본질적 요소가 내재해 있다고 할 수 없다. 행복은 주관적인 것으로 개인의 경험 내에 존재하는 것이다.

예를 들어서 '갑'과 '을'이 있다고 하자. '갑'은 세속적인 성공을 소유하였지만 본인의 일과 가정은 현재의 성공을 얻기 위한 수단일 뿐 자신이 진정으로 좋아하고 사랑하진 않는다. 한편 '을'은 비록 크게 성공하진 못했지만 자신의 일 자체를 즐기고 가정을 진정으로 아끼고 사랑하는 사람이다. 이 둘을 비교해 본다면, '갑'보다 '을'이 더 행복하다고 느낄 가능성이 높다.

여전히 절대적인 빈곤에서 고통을 받고 있는 사람들이 적지 않지만, 대다수의 현대인들은 소유한 것이 부족해서라기보다는 오히려 소유한 것이 너무 많기 때문에 불행을 느낀다. 무엇을 소유함으로써 그 무엇으로부터 자유롭지 못하게 되고 결국 그 무엇에 의해 거꾸로 소유를 당한다. 무엇을 소유하고 집착함으로써 내면의 정체성은 그것에 의해 침범당하고 차츰 자신을 잃어버리는 과정을 겪게 된다. 오히려 불필요한 것을 버리고 떠나는 길이 자신을 찾는 여정인 것이다.

> 버리고 떠난다는 것은 곧 자기답게 사는 것이다. 자기답게 거듭거듭 시작하며 사는 일이다. 낡은 탈로부터, 낡은 울타리로부터 낡은 생각으로부터 벗어나야 새롭게 시작할 수 있다. —법정, 《살아 있는 것은 다 행복하라》(2006)

《소유냐 존재냐》를 쓴 에리히 프롬의 용어대로라면 무소유의 삶이란 '존재 지향적인 삶'이라고 할 수 있다. 에리히 프롬은 인간을 두 부류로 구분한다. 하나는 소유 지향적 인간이고 다른 하나는 존재 지향적 인간이다. 소유 지향적인 사람들은 단순히 '어떤 것이 있다'는 것에 만족하지 않으며, 그것이 내 것이라야 한다. 반면에 존재 지향적인 사람들은 단지 '어떤 것이

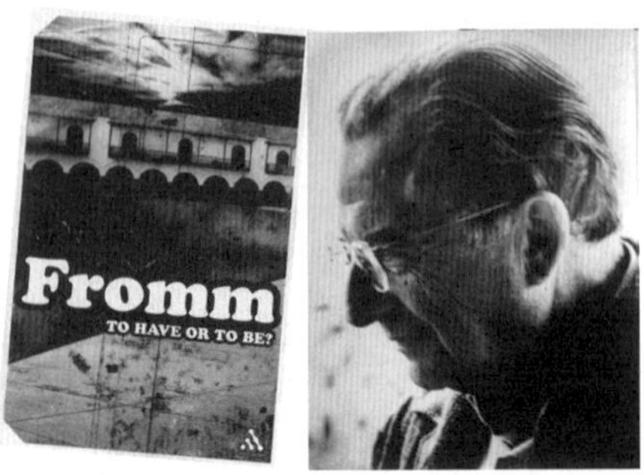

에리히 프롬(Erich Fromm, 1900-1980)

있다'는 사실 자체만으로도 놀라움과 기쁨, 행복을 느끼며, 그것이 꼭 내 것이어야 한다는 생각에서 자유롭다. 즉 소유에 집착하지 않는다는 점에서 무소유의 삶을 살고 있다고 하겠다.

하나가 필요할 때는 하나만 가져야지 둘을 갖게 되면 애초의 그 하나마저도 잃게 된다. 그리고 인간을 제한하는 소유물에 사로잡히면 소유의 비좁은 골방에 갇혀 정신의 문이 열리지 않는다. 무엇을 소유한 사람은 그것을 잃을까 봐 혹은 빼앗길까 봐 걱정을 하게 되면서 소유한 것을 즐길 수 없게 된다. 무소유의 삶이란 어떤 것을 소유하지도 않고 또 소유하려고 갈망하지도 않으면서 즐거워하고 자기의 재능을 생산적으로 사용하며 세계와 하나가 되게 살아가는 삶의 방식이다. 소유에 집착한 사람은 무언가를 얻기 위해 일한다. 그러나 무소유의 삶을 사는 사람은 그 일이 자신의 삶을 더욱더 충실하게 해 주기 때문에 일에 열중한다. 학문 연구를 예로 들어 보면, 소유에 집착한 학자는 자신이 갖고 있는 지식이 파괴될까봐 자기 정당화에 급급하지만, 무소유의 삶을 사는 학자는 더 나은 완성을 이루기 위하여 언제나 열린 마음으로 자기 지식을 수정할 준비가 되어 있다. 소유에 집착하는 학자는 사회적 지위가 높을 수는 있지만, 학문의 지대한 발전에 공헌하는 학자는 오히려 무소유의 삶을 사는 학자일 가능성이 더 높다.

창의적인 사람들은 여러 면에서 서로 다르긴 하지만 한 가지 점에서는 일치한다. 그것은 일 자체를 즐긴다는 사실이다. 그들은 일 자체에서 존재의 진정한 행복을 느끼지 성공을 소유하고자 하지 않는다. 그들을 움직이는 것은 명예나 돈에 대한 욕망이 아니다. 그들은 좋아하는 일을 할 따름이다. 좋아하는 일을 하기 때문에 그 일에 몰입하여 새로운 아이디어를 찾아내게 된다. 새로운 것을 만들어 내기 위해서는 실패를 감수할 수 있어야 하는데, 창의적인 사람들은 성공에 집착하지 않기 때문에 실패의 두려움으로부터 자유롭다. 새로운 것을 끊임없이 시도하는 창의성의 용기는 결국 무소유의 삶에서 나오는 것이다.

창의적인 사람들이 일을 하는 동기는 타오르는 호기심, 드러나는 신비에 대한 경탄, 뜻밖의 질서를 보여 주는 해결책과

마주쳤을 때 느끼는 기쁨이다. 수 년을 끌어온 지루한 문제가 마침내 새로운 지식의 탄생에 의해 입증될 때 창의적인 사람들은 물질적인 성공을 하지 못한다 하더라도 일을 하면서 기쁨을 느낀다. 사회적으로는 인정을 받지 못해도 그들에게는 일 자체에서 배우는 것이 보상이다.

성공에 대한 욕심을 갖고서는 어떠한 창의적인 성과도 거둘 수 없다는 의미는 아니다. 목표 지향적인 경쟁사회에서 오히려 성공에 대한 집념을 갖고 있는 사람들이 상당한 업적을 달성할 수 있을 것이다. 그러나 소유 지향적인 창의성에는 한계가 있을 것이다. 창의성의 폭은 매우 넓다고 할 수 있다. 점진적인 변화를 가져오는 창의성이 있는가 하면 혁신적인 변화를 일으키는 창의성도 있다. 또한 기업 수준이나 산업 수준에서 새로운 것을 도입하는 창의적 활동이 있는 한편, 전 세계적인 수준에서 전혀 새로운 것을 만들어 내는 창의성도 존재한다. 성공에 대한 욕심을 버리면 더 크고 광범위한 창의성의 에너지를 얻을 것이다. 성공 지향적인 사람이 발휘하는 창의성이 몇 사람에게 부분적인 영향을 미칠 수 있을지 모르지만, 마음을 비우고 일에 몰두하는 사람의 창의성은 모든 세상 사람들에게 지대한 영향을 미칠 것이다.

노벨화학상을 수상한 다나카 고이치는 시마즈 제작소의 엔지니어로 근무하는 샐러리맨으로 박사학위를 가지고 있지 않았다. 2002년 10월 9일 노벨상 수상 발표 이전까지 그는 아침에 6시 반에 일어나 8시까지 출근하고 일을 마치면 집에서 느긋하게 TV를 보거나 맥주를 마신 후 밤 11시쯤 잠자리에 드는, 주변에서 쉽게 볼 수 있는 지극히 평범한 직장인이었다. 또한 노벨상 수상 대상이 된 특허에 대해서 회사로부터 겨우 1만 1천 엔밖에 받지 못했지만 그는 불만을 갖지 않았다. 자신이 너무도 좋아하는 화학 실험의 성과로 회사로부터 금전적인 보상도 받고 노벨상까지 수상하게 되었지만, 그는 그런 금전적 보상이나 노벨상 수상을 목적으로 일을 한 것은 아니었기 때문이다. 노벨상 수상 이후 의지와 관계없이 인터뷰와 강의로 분주한 나날을 보내야만 했던 그는 2003년 3월 말 엔지니어 복귀 선언

2002년 노벨화학상 수상자
다나카 고이치田中耕一

을 했다. 그 이유는 다른 활동으로 인하여 자신이 가장 좋아하는 연구 활동에 전념할 수 없다는 것이었다.

창의적인 능력을 높이고 창의적인 활동을 하려면 자신이 좋아해서 몰두할 수 있는 일을 해야 한다. 그러나 자기가 좋아하는 일을 하면서 사는 것은 쉽지 않다. 우선 자기가 좋아하는 일이 무엇인가를 찾는 것 자체가 쉽지 않기 때문이다. 무소유의 삶을 실천하고자 필요한 것만 소유하려고 해도, 자신이 누구인지 무엇을 좋아하는지 모르니 무엇이 실제로 필요한가 하는 문제도 감당할 수 없는 것이다. 이 경우에도 '무엇을 갖고 싶다'는 생각은 들지만, 이 경우는 욕망과는 다르다. 욕망은 진정으로 필요한 것을 원하는 것이 아니다. 중고등학교 시절 대학입시의 중압감은 학생들의 개성이나 취향을 개발하고 발전시키기보다는 오히려 억눌러 왔다. 무엇을 해야 하고 무엇을 하지 말아야 하는가에 관하여 귀가 따갑게 듣게 되지만, 난 누구이고 무엇을 좋아하며 진정으로 행복한 삶을 살기 위하여 무엇이 필요하고 무엇은 버려야 하는가에 관하여 고민할 시간과 여유는 충분하지 못하다.

또한 사회에서 퍼지는 각종 유행은 천편일률적인 인

간들을 재생산해 낸다. 유행어, 유행하는 패션, 유행하는 얼굴, 유행하는 재테크, 유행하는 연구 주제…, 한반도를 뒤흔드는 유행의 바람은 무개성한 편승자들을 대량으로 생산해 낸다. 유행 편승자들이 좇아가야 할 일들은 부지기수지만 자기가 '진짜로 진짜로 좋아하는 게 뭐야?'라는 자문自問에 응답하기 어렵게 된다. 창의성을 발휘하려면 자신이 좋아하는 일에 몰두해야 하는데, 내가 무엇을 좋아하는지도 모르는 사람에게 창의성을 기대하기는 어려운 것이 당연하다.

설사 좋아하는 일을 찾았다고 하더라도 그 일을 하면서 살기는 쉽지 않다. 청소년들이 예전에 (혹은 지금도) 문화예술 분야에서 (그것도 대중문화에서) 천직을 찾겠다고 나선다면 한바탕 집안에서 일어나는 난리를 감수해야 했다. 그걸 해서 어떻게 먹고살겠냐는 부모들의 성화에 못이겨 좋아하는 일을 하지 못하게 된 사람들이 많을 것이다. 부모의 성화는 없더라도 포기해야 할 것이 많아서 자신이 좋아하는 일을 선택하지 못하는 경우도 많다. 창의적인 사람이 되려면 좋아하는 일을 해야 하는데, 좋아하는 일을 선택하려면 진정한 행복을 위하여 불필요한 무언가를 버려야 한다. 버리고 자신을 찾는 길을 떠나지 않고서는 창의적인 사람이 되기 어렵다. 불필요한 무언가를 버리는 것은 행복한 삶의 본질적인 조건이자 창의성의 전제조건인 것이다. 창의성을 원천으로 하는 문화산업 최전선에서 일하고 있는 게임 방송 PD는 PD가 되기 위해 버려야 할 것으로 편견을 꼽고 있다.

> PD들은 마인드가 많이 오픈되어 편견을 버리는 일이 중요해요. ―게임방송 프로듀서

일반적으로 인간의 동기는 내적 동기와 외적 동기로 구분된다고 한다. 내적 동기는 특정한 활동이나 행동을 하도록 하는 힘이 활동 그 자체로부터 나오는 것이고, 외적 동기는 활동 그 자체와는 독립된 외부에서 나오는 것이다. 예를 들어서 어떤 예술가가 돈을 벌기 위하여 예술 활동을 한다면 그는 외적 동기에 의해 그 활동을 하는 것이다. 반면에 예술 활동 자체로부터 오는 즐거움, 또는 자신이 구현하고자 하는 이념을 예술 활동으로 표현할 때에 느껴지는 성취감이 주요한 원인일 때 그 예술가는 내적 동

기에 의해 예술 활동을 한다고 볼 수 있다. 외적 동기가 소유 지향적인 삶과 관련되어 있다면, 내적 동기는 무소유의 삶과 연관되어 있다고 하겠다. 물론 인간 활동의 원인이 이렇듯 내적 동기와 외적 동기의 이분법으로 모두 구분될 수 있는 것은 아니며, 내적 동기와 외적 동기가 모두 포함된 경우도 있을 수 있다. 그러나 두 동기 중 어느 것이 더 우세한 것인가는 구분해 볼 수 있을 것이다(장재윤 · 박지윤, 2007).

공연예술은 잘 알려져 있다시피 매우 높은 창작성을 필요로 하는 분야이다. 2007년 여름에 연극, 뮤지컬 등 공연예술에 종사하는 전문 인력 273명을 대상으로 한국노동연구원은 설문조사를 실시하였다. 조사 대상자들은 공연기획 및 제작 인력, 창작 스태프, 출연자, 기술 스태프, 공연 운영 스태프, 교육 및 평론 등 공연예술의 주요 직무를 포괄하고 있다. 이 조사는 종사자들의 내적 동기와 외적 동기를 비교해 볼 수 있는 질문을 포함하고 있다.

이 조사에서는 공연 분야에서 일하게 된 가장 중요한 동기를 묻고 있는데 응답에 따라 크게 두 집단으로 구분할 수 있다. 즉 '공연예술에 대한 열정 때문에', 혹은 '공

연예술을 취미생활로 시작했다가'라고 응답한 사람들을 '내적 동기' 소유자라고 한다면, '공연 관련 학과 및 학원/아카데미 등을 다녔기 때문에', '공연예술에 대한 재능이 있어서', '공연과 관련된 전문지식 또는 기술이 있어서', '공연산업 분야가 향후 유망한 것으로 판단되어서'라고 응답한 사람들은 '외적 동기' 소유자라고 하겠다. 이와 같이 구분하였을 때에, 이 두 집단은 흥미로운 차이를 보이고 있다.

먼저 내적 동기 소유자는 217명으로 전체의 80% 가까이를 차지하였고, 외적 동기 소유자는 56명으로 20%를 약간 상회하였다. 이렇게 볼 때에 어느 분야보다 창의적인 능력이 중요시되는 공연예술 분야는 대다수의 종사자들이 내적 동기를 갖고 종사한다고 하겠다. 즉 대다수의 공연예술인은 성공을 달성하기 위하여 공연예술을 시작한 것이 아니라 일에 대한 열정이나 즐거움 때문에 일을 시작한 경우가 대부분이라는 것이다. 이러한 결과는, 한편으로 소유 지향적인 사람들이 경제적인 보상 수준이 매우 낮은 공연예술 분야에서 일하고자 하지 않기 때문이라고 해석할 수도 있겠지만, 다른 한편으로 매우 높은 창작성을 발휘하려면 내적 동기를 갖고 작품에 몰입하는 '무소유'의 사람이 필요하다고 볼 수도 있겠다.

공연예술 분야에서 현재 담당하고 있는 일을 수행하기 위하여 필요한 능력 중에서 '대상을 심미적이고 독창적으로 표현할 수 있는 예술적 능력'에 관한 질문에 대하여 전혀 필요 없으면 1점, 필요하지 않은 편이면 2점, 보통이면 3점, 필요한 편이면 4점, 매우 필요하면 5점을 주도록 요구한 질문에 평균점은 4.17점으로 '필요한 편'을 약간 상회하는 수준으로 나타났다. 이 질문의 응답에 관하여 두 집단을 구분하고 차이를 분석한 결과, 내적 동기 소유자 집단의 평균값은 4.26점, 외적 동기 소유자 집단은 3.80점이며 T-test 결과 이러한 평균 차이는 통계적으로 1% 수준에서 유의미한 것으로 나타났다. 즉 내적 동기 소유자들이 외적 동기 소유자에 비하여 현재 일을 수행하기 위하여 예술적 능력 혹은 창작적 능력이 더 많이 필요하다고 본다는 것이다. 같은 일을 해도 무소유의 삶을 사는 사람들이 소유 지향적인 삶을 사는 사람들보다 일을 창의적으로 대한다는 것이다. 앞서 언급한 바와 같이 소유에 대한 집착을 버리면 창의성의 즐거움을 누리게 되는 것이다.

이 두 집단은 '나는 공연인으로서 행복하다'는 질문의 응답에서도 차이를 보이고 있다. 이 질문에 대하여 '전혀 그렇지 않음'은 0점, 전적으로 그렇게 생각함은 10점으로 응답하도록 했을 때에 전체 응답자의 평균값은 7.59점으로 꽤 높은 수준을 보였다. 두 집단의 평균값을 비교해 보면, 내적 동기 소유자의 평균값은 7.88점이고 외적 동기 소유자는 6.43점이었다. T-test 결과 두 집단 평균값의 차이는 1% 수준에서 유의미하였다. 즉 내적 동기 소유자는 외적 동기 소유자보다 공연인으로서 보다 행복하다고 느끼고 있다고 할 수 있다. 결국 무소유의 태도를 갖고서 공연예술 분야에서 활동하는 사람들은 소유 지향적인 사람들보다 공연 활동을 통하여 상대적으로 더 큰 행복을 누린다는 것이다.

창의성이 소유와 무관하다고 할 수 없다. 외국의 몇몇 연구 결과에 따르면 경제적인 보상이 개인의 창의적인 활동에 긍정적인 영향을 미친다고 한다. 그리고 소유와 무소유가 두부를 자르듯이 깔끔한 경계를 갖는 것은 아니다. 오히려 둘은 상호작용 관계에 있으며 경계는 끊임없이 변화하는 역동적인 위치에 놓여 있을 것이다. 그러나 확실한 것은 창의성이 소유보다는 무소유와 더 이웃한다는 것이다. 언뜻 보기에 창의성의 발현에서 무소유보다는 소유가 더 중요할 것 같지만, 사실은 무소유가 더 지배적이라는 것이다. 인생에서 부수적인 것을 버리면 핵심적인 것을 얻을 것이다. 지나친 욕심을 자제하고 일 자체를 즐기고자 하는 자신을 개발한다면 반드시 창의성의 즐거움을 누릴 것이다. ■ 이상민

● 참고문헌 ●

다카하시 마코토 편. 조경덕 옮김.《창조력 사전》. 매일경제신문사. 2003.

달라이라마·하워드 커틀러. 류시화 옮김.《달라이 라마의 행복론》. 김영사. 2001.

리즈 호가드. 이경아 옮김.《영국 BBC 다큐멘터리—행복》. 위즈덤하우스. 2006.

미하이 칙센트미하이. 노혜숙 옮김.《창의성의 즐거움》. 북로드. 2003.
법정.《살아 있는 것은 다 행복하라》. 위즈덤하우스. 2006.
장재윤·박지윤.《내 모자 밑에 숨어 있는 창의성의 심리학》. 가산출판사. 2007.
탄샤오위에. 오성실 옮김.《노벨상 수상자 36인의 학습법》. 문학수첩 리틀북스. 2006.

그 장소, 그 시간의 마법

사회적 조건과 창의성

캐럴 리드 감독의 영화 〈제3의 사나이〉에서 오손 웰스는 이렇게 말한다. "이탈리아에서 보르지아가 통치한 30년간 전쟁 테러, 살인, 유혈의 도가니였지만 미켈란젤로, 다빈치, 그리고 르네상스가 탄생했다. 스위스에서 박애주의로 5백 년간 민주주의와 평화를 누렸는데 무엇을 만들었는가? 고작 뻐꾸기 시계 하나 만들지 않았나."

시계를 만드는 기술도 중요하다. 시계가 그림보다 못한 것은 아니다. 하지만 위대한 천재가 탄생한 르네상스의 시대는 많은 사람들의 주목을 끌었다. 사실 르네상스의 시기는 혼란의 시대였다. 하지만 위대한 예술이 탄생한 시기이기도 했다. 어떻게 혼란의 시대에 위대한 천재들이 등장할 수 있었는가?

개인적 창의성이 탄생하는 데는 유전적 요인, 생물학

적 요인, 가족의 배경도 중요하지만, 사회적 조건도 중요하게 고려해야 한다. 특히 예술의 발전에는 예술가를 발굴하고 도와주는 후견인이 필요하다. 보르지아는 피렌체의 메디치와 함께 이탈리아 문화예술을 후원한 권세가였다. 다른 한편으로 격변의 시대는 새로운 예술을 등장시키는 역할을 수행할 수 있다. 혼란의 시대가 안정의 시대보다 문화예술의 새로운 실험을 통해 창의성이 발전할 가능성이 큰지도 모른다. 실제로 2차 세계대전 이후 세계는 역사상 가장 풍요로운 시기를 맞고 있지만, 현대 예술은 위기를 겪고 있다고 말하기도 한다. 그러면 항상 물질적 풍요와 창의성의 발현 사이에는 역함수의 관계가 존재하는가? 하지만 인류의 역사를 보면 그렇게 간단하지 않다.

보르지아(Cesare Borgia, 1475/76-1507)

영국의 산업혁명을 주도한 발명광

19세기 영국의 산업혁명은 과학기술의 비약적인 발전과

함께 이루어졌다. 새로운 기술의 개발에 뛰어든 발명광들이 잇달아 등장했다. 토머스 세이버리는 '광부의 친구'라 불리는 펌프식 엔진을 만들어 탄광의 배수 문제를 해결했고, 토머스 뉴커먼은 대기압기관 같은 새로운 증기기관을 발명했다.

새로운 창의성을 가진 천재들은 높은 수준의 교육을 받은 사람들이 아니었다. 스코틀랜드에 있는 글래스고 대학에서 기계수리공으로 일했던 제임스 와트는 회전식 증기기관을 발명해 석탄의 대량 운반을 가능하게 했다. 와트의 증기기관은 수력, 풍력, 축력, 인력 같은 농업 사회의 동력을 뛰어넘는 것이었다. 그 후 직포공이자 목수인 하그리브스가 발명하여 아내의 이름을 붙인 제니 방적기는 한 대가 방적공 2백 명과 맞먹는 분량의 일을 처리했다. 또한 가발 제조업자였던 아크라이트는 수력으로 한꺼번에 수천 개의 방추를 움직이는 수력방적기를 발명했다. 그 후 카트라이트가 역

제임스 하그리브스(James Hargreaves)의 방적기

1840년대의 맨체스터 풍경

직기를 발명하면서 증기력을 이용한 기계제 공장 생산이 확산되었다.

그러면 왜 산업혁명의 신기술을 창조한 인물들은 모두 영국 북부 지역과 스코틀랜드 지역에서 출현했을까? 산업혁명 당시 면직 공업의 중심지로 떠오른 곳은 맨체스터와 랭카셔 지방 및 스코틀랜드의 글래스고 주변이었기 때문이다. 무엇보다도 이 지역은 연료인 석탄을 구하기가 쉬웠다. 면직 공업에 필요한 기계를 만들기 위해 더 많은 철이 필요했고, 철을 녹이기 위해 더 많은 석탄이 필요했다. 석탄을 이용한 제련 기술이 발전하면서 철 생산이 비약적으로 늘었다. 면직 공업에서 기술 혁신이 노동을 절약하는 변화였다면, 제철 공업에서 기술 혁신은 자본의 절약이었다.

산업혁명의 사회적 조건

19세기 영국에서 발명광들이 잇달아 탄생한 것은 우연이 아니었다. 영국에서 산업혁명이 시작된 것도 하루아침에 이루어진 것이 아니었다. 영국에서는 유럽보다 먼저 봉건 제도가 약화되면서 농촌에서 자유로운 농민이 증가하기 시작하였다. 자유로운 농민층은 농촌의 모직물 공장에 임금노동자로 고용될 수 있었다. 매뉴팩처라고 불리는 작은 공장과 같은 자본주의적 생산관계가 유럽보다 일찍 발전하였다. 이러한 자본의 축적과 임금노동의 출현으로 발전하기 시작한 자본주의 경제는 과학기술의 발전이 이끄는 산업혁명으로 인해 비약적으로 발전하였다.

대외 관계에서 영국은 아메리카 대륙의 식민지에서 막대한 자원을 얻을 수 있었으며 아프리카 노예무역으로 많은 이익을 얻어 산업 생산에 투자할 여력을 가지고 있었다. 또한 자유무역을 통해 상인들이 거대한 부를 축적

할 수 있었고, 새로운 기술 개발과 투자를 할 수 있는 충분한 능력을 갖게 되었다. 당시 유럽은 프랑스 나폴레옹 군대의 공격으로 전란에 휩싸여 있었지만 영국은 섬이라는 지정학적 위치로 착실하게 공업 생산을 늘릴 수 있었다는 점도 긍정적인 요인이 되었다. 1688년 명예혁명 이후 안정적인 정치체제를 유지할 수 있었던 영국은 산업화라는 새로운 변화를 적극 수용하였다.

일부 역사가들은 자본 축적을 긍정적으로 보는 새로운 개신교 집단들이 기업가로 성장하고 자본주의 발전에 커다란 기여를 했다고 주장한다. 자본의 축적을 긍정한 개신교가 자본주의 발전의 원동력이 되었다고 보는 막스 베버의 견해와 유사하다. 실제로 16세기 시민전쟁 이후 영국에서는 퀘이커, 침례교, 장로교 교파가 급속하게 발전하였다. 하지만 이들은 공직에 진출할 수 없었고, 옥스퍼드와 캠브리지 대학교에 입학할 수도 없었다. 영국 왕에게 충성을 맹세한 국교도만이 공직 시험과 대학 입학의 자격을 가질 수 있었다. 그러자 개신교 신도들은 은행과 제조업 등의 사업에 진출하였고, 자신들을 위한 대학을 따로 설립하였다.

런던의 상인 계층이 주도하여 설립한 유니버시티 칼리지(나중에 런던대학교의 UCL이 된다)는 이전의 대학과 달랐다. 공리주의 철학을 주도한 제레미 벤담도 유니버시티 칼리지의 설립자로 참여했다. 런던의 대학들은 옥스퍼드와 케임브리지와는 달리 수학과 과학을 많이 가르쳤다. 이는 제조업 기술의 발전에 아주 중요한 학문 분야이기도 하였다. 하지만 영국 역사학계에서는 영국의 초기 기업가와 자본가 계급 가운데 개신교 신자들만이 아니라 무신론자나 종교와 무관한 사람도 많았다는 지적도 있다. 이는 좀더 연구가 필요한 문제이다. 어쨌든 종교에 관계없이 초기 산업혁명 단계에 시작된 과학기술과 기업 경영을 위한 새로운 대학 교육은 과학적 실험과 산업 혁신을 위해 많은 공헌을 했다.

[사라진 중국의 창의성]

우리는 영국의 산업혁명이 확산되면서 서유럽이 급속히 발전했다고 알고 있다. 그러나 오래전 동양에서 받은 영향이 없었다면 서유럽의 놀라운 발전은 매우 어려웠거나 혹은 훨씬 뒤늦게야 가능했을 것이라는 사실은 잘 모르고 있다. 서유럽의 발전을 가능케 한 과학기술은 대부분 서구의 발명품이 아니라 외부 세계에서 수입한 것이었다. 그 외부 세계란 다름 아닌 중국이다. 고대시대 중국에서 전해져 간 종이와 인쇄술, 화약과 화기, 나침반을 비롯한 항해 장비의 도움을 받아 유럽인들은 르네상스를 이룩할 수 있었다. 당시 서양을 놀라게 했던 비단과 도자기도 중국에서 만든 것이었다.

그렇다면 서유럽이 산업혁명을 준비하는 동안 중국은 무엇을 하고 있었을까? 중국 역사상 비교적 국력이 약했다는 명 · 청 시기에도 중국은 쇠퇴하고 있지 않았다. 명나라는 15세기에 거대한 함대를 조직하여 해외 원정을 보냈다. 1405년부터 1433년까지 영락제의 명을 받은 정화는 7회에 걸쳐 대선단을 지휘하여 동남아시아에서 서남아시아에 이르는 30여 개국을 방문하고 명나라의 국위를 선

정화(鄭和, 1371~1433?)

양하고 무역으로 이익을 얻었다. 서양의 콜럼버스보다 무려 한 세기나 앞선 시기에 정화는 대규모 원정단을 조직했다. 1차 원정에는 대선 62척에 군대와 선원 27,800명이 승선했고, 7차 원정 때에는 27,550명이 참가했다. 정화의 원정대는 베트남, 말레이, 자바, 인도, 실론을 거쳐 메카, 아라비아 반도의 아덴, 그리고 동아프리카의 케냐까지 도착하였다.

그러나 위대한 역사를 만든 정화의 원정대는 명나라 관리들의 반대와 재정 위기로 중단되고 말았다. 영락제가 수도를 난징에서 베이징으로 옮기면서 남해 대원정의 필요성이 감소했고, 군사적으로도 남해보다 북방 유목민의 공격을 막는 일이 더 중요해졌다. 남해 대원정이 중단된 또 다른 이유는 농촌의 자작농을 중심으로 국가 질서를 수립하고자 했던 명나라에게는 상업과 무역을 발전시키려는 적극적인 의지가 부족했다는 점이다.

중국 출신의 미국 역사가 레이 황에 따르면, 명나라 농민이 납부하는 세율은 10퍼센트 이하였다. 명청 시대는 내부 지향적, 경쟁 없는 사회가 유지되었으며, 세금이 적고 편안한 태평성대였다. 그러나 개인의 사유재산과 시민권을 인정하는 법률제도는 존재하지 않았다. 상공업은 국가의 통제를 받았으며, 사유재산은 황제와 국가의 명령에 따라 언제든지 몰수될 수 있었다. 정화의 남해 원정이 중단된 이후 중국은 4백 년 가까이 문호를 닫고 폐쇄적인 경제 체제를 유지했다. 한때 세계 최고의 도자기 생산지였던 징더전景德鎭은 점점 쇠퇴하다가 사라졌다. 대신 일본 상인을 통해 처음 중국의 도자기 기술을 알게 된 영국과 유럽이 도자기 산업의 새로운 중심이 되었다. 대외 개방과 무역을 거부한 중국은 서서히 쇠퇴의 제국이 되어 갔다.

[서양이 동양을 앞지른 이유는?]

4백 년 전에 중국보다 훨씬 뒤떨어진 유럽이 어떻게 새로운 강대국으로 부상할 수 있었을까? 왜 서양에서는 수많은 발명광과 천재들이 등장했는데, 동양에서는 그런 인물들이 적었을까?

독일의 철학자 헤겔은 중국 역사에는 변증법적 발전이 없었다고 주장했다. 가부장제를 근간으로 하는 '지속의 국가'가 시종일관 유지되면서 계층적 서열이 고정되어 있다고 했다. 한마디로 자유가 없는 곳이라 발전이 없었다는 것이다. 이에 비해 유럽 사회는 프랑스혁명 같은 시민혁명이 일어나 자유를 쟁취한 후 급격한 역사 발전을 이루었다고 본다. 개인의 자유가 없는 곳에서는 창의성도 발전할 수 없었다.

공산주의 이론의 창시자 칼 마르크스는 유럽 발전의 원동력을 '자본주의 경제'의 출현이라고 보았다. 사유재산을 가진 부르주아지는 새로운 기술을 개발하고 산업 혁신을 이룩하여 거대한 기업의 제국을 형성하였다. 마르크스는 유럽에 비해 아시아 경제는 정체되어 있었으며, 유럽의 발전 경로와 다른 '아시아적 생산 양식'을 갖고 있다고 주장했다.

독일의 사회학자 막스 베버는 유럽 발전의 원동력은 '합리성'이라고 말했다. 그는 고대 중국과 인도에도 상업과 무역이 존재했지만 서구와 같은 합리성과 제도적 장치가 부족했다면서, 특히 중국의 유교, 도교, 불교와 인도의 힌두교는 유럽의 개신교와 달리 합리적 정신을 긍정적으로 평가하지 않았기 때문에 합리적 사회제도를 만들 수 없었다고 주장했다. 실제로 유럽의 개신교는 개인의 직업을 신의 소명으로 간주하고 근면과 저축을 중요한 미덕으로 여겼다. 이는 자본주의에 필요한 합리적 정신과 유사한 가치이다. 이러한 합리화의 증대를 통해 자본주의에 필수적인 합리적 법률과 제도가 형성되었다는 것이 베버의 주장이다.

중국이 정체된 이유를 설명하기란 간단하지 않다. 그래서 역사가들 사이에서도 다양한 의견이 제기되었다. 유럽과 중국은 1700년까지는 아주 비슷했으나 유럽에는 제조업 발생지에 석탄 연료가 매장되어 있었고 아메리카에서 새로운 식품과 목재를 가져올 수 있었기 때문에 경제성장이 가능했는데, 중국은 높은 수준의 균형을 유지하는 덫에 빠져 있어서 변화하지 못했다는 주장도 있다. 중국은 전통적인 농업 생산으로도 높은 생산력을 유지할 수 있었기 때문에 특별히 산업 생산에 관심 가질 필요가 없었다는 것이다. 또한 생태학, 정부, 문화의 차이를 원인으로 꼽기도 한다. 아마도 이런 모든 이유들이 다 영향을 미쳤을 것이다.

영국 출신의 저명한 사회학자 마이클 만은 유럽 발전

의 원동력으로 경쟁 체제를 강조했다. 유럽은 여러 나라로 분열되어 서로 경쟁하는 구조를 가졌으며, 이 때문에 군사력을 뒷받침해 줄 산업 발전을 경쟁적으로 추진했다. 유럽 여러 나라 간에는 지속적인 군사적 대립과 갈등이 있었다. 때문에 각국은 대포와 화기를 개발했고, 상비군과 관료제도를 발전시키고, 산업과 무역을 통해 국가 재정을 확보하기 위해 노력했다. 해외에 식민지를 개척하여 자원을 얻기 위해 항해술을 개발하고, 조선 산업과 해군을 육성했다. 이러한 경쟁 체제를 통한 산업과 군사력의 부흥은 유럽이 세계의 강자로 부상하는 데 결정적인 역할을 했다. 그러나 경쟁 자체가 자연적으로 발생한 것은 아니었다. 유럽에서는 자기 재산을 마음대로 처분할 수 있었다. 또한 다른 사람과 거래를 할 수 있는 합리적인 법률제도가 제정되었다. 때문에 사회 내부에서도 합리적인 경쟁이 일어날 수 있었다.

중국에서는 진시황의 진나라가 중국 천하를 통일한 후 수많은 왕조 교체를 겪고 분열된 국가로 존재한 시기가 있었지만, 13세기 이후 비교적 통일된 거대 국가가 유지되었다. 이에 비해 유럽은 5세기에 서로마 제국이 멸망한 이후로 분열 상태가 계속되었다. 거대한 통일국가인 중국에서는 경쟁이 불필요한 낭비에 불과했지만, 작은 나라로 분열된 유럽에서는 경쟁이야말로 생존의 조건이었다. 중국에서 인쇄술은 정부의 통제를 받아야 했고, 화약과 화기는 불필요한 무기일 뿐이며, 나침반과 항해술은 더 이상 쓸모가 없었다. 하지만 유럽에서 인쇄술은 새로운 사상을 전하는 무기가 되었고, 화약과 대포는 성과 기사를 무너뜨렸으며, 나침반과 항해술은 신대륙을 발견하는 데 있어 필수품이었다.

또한 유럽의 나라들은 다른 나라와 전쟁을 치르기 위해 막대한 군비를 마련해야 했으므로, 이를 위해 왕은 자본가와 타협하여 의회제와 법의 지배를 허용하고, 산업 생산을 촉진하는 조치를 취했다. 마이클 만은 시장의 토대에서 이루어지는 행위자들 간의 경쟁을 위해서는 규범적 규제가 필요하다고 강조했다. 또한 시장의 행위자들이 상대방의 합리성을 신뢰해야 한다고도 지적한다. 사유재산을 인정하고 합리적 법률제도를 갖추기 시작한 유럽은 중국, 인도, 아랍보다 훨씬 빠른 속도로 산업 생산 체제를 이룩할 수 있었다.

창조적 파괴와 혁신

사회적 조건의 변화는 창의적 천재의 등장에 많은 영향을 준다. 독일 출신 사회학자인 노베르트 엘리아스는《모차르트》에서 위대한 음악가 모차르트의 천재성이 개인의 재능이 아니라 사회적 산물이라고 날카롭게 지적했다. 5세부터 작곡을 시작한 모차르트는 타고난 천재가 아니라 사회와 끊임없이 갈등을 일으키면서 '만들어진 천재'로 보고 있다. 음악적 영감을 불러일으킨 모차르트의 내면적 동기는 유년 시절에는 채워지지 않는 사랑에 대한 욕구에서 비롯되었고 청년이 된 이후에는 음악가로서 사회적으로 인정을 받기 위한 투쟁의 산물이라는 것이다. 또한 아버지와의 심리적 긴장과 갈등, 시민계급 출신 예술가가 가질 수 있는 사회적 지위의 한계, 궁정 사회 속에서 음악 활동의 제약을 받는 외적 환경과 끊임없이 상호작

노베르트 엘리아스(Nobert Elias, 1897-1990)

용을 겪으면서 이루어진 결과라는 점이다.

실제로 모차르트는 생계를 위해서는 당시 유럽의 최고의 부와 권력을 가진 빈의 합스부르크 왕가와 귀족의 취향에 맞는 음악을 만들어야만 했다. 하지만 모차르트 자신은 귀족이 아니라 시민계급이라고 생각했고, 낡은 귀족의 음악이 아니라 새로운 시민계급의 음악을 만들고 싶었다. 그래서 당시 음악계의 언어였던 이탈리아어로 〈코시 판 투테〉를 만들었지만, 다른 한편으로는 민중의 언어였던 독일어로 〈마술피리〉라는 역작을 만들 수 있었다. 만약 모차르트가 귀족 취향의 음악만 만들었다면 (물론 그 음악도 훌륭하지만) 그는 새로운 시대의 음악의 장을 열지 못했을지 모른다. 그 뒤를 이은 베토벤은 좀더 성장한 시민계급의 관심과 성원에 힘입어 모차르트보다는 유복한 생활을 할 수 있었다. 자신의 음악세계를 만들려고 했던 모차르트는 귀족의 외면을 받아 가난하고 비참한 말년을 보냈지만, 베토벤은 수많은 시민계급 음악애호가의 요구에 의해 작곡을 하기도 전에 출판사로부터 거액의 돈을 받을 수 있었다. 이로써 베토벤은 새로운 음악의 시대를 열 수 있었다.

우리는 네덜란드 출신의 화가 빈센트 반 고흐의 그림에서도 사회와 창의성의 관계에 대한 중요한 문제를 생각하게 된다. 고흐는 하루 종일 지칠 정도로 꾸준히 그림을 그렸지만, 생전에 팔린 그림은 단 한 점이다. 고흐의 그림은 다른 화가들과 다른 창의성을 가지고 있었지만 당대의 사람들은 제대로 이해하지 못했던 것이다. 너무나 가난한 삶을 살았던 고흐는 33세의 나이에 세상을 떠나고 말았지만, 사후 그의 그림 가격은 천정부지로 올랐다. 그림을 좋아하고 소장하기를 원하는 부자나 중산층들의 기호가 바뀌었던 것이다. 고흐의 그림들 가운데 유명한 〈해바라기〉(1888)는 1000억 원 이상의 가격으로 거래되었고, 그는 20세기 가장 위대한 화가 중 한 명으로 평가를 받았다. 그러면 그의 예술성은 개인의 능력이 아니라 사회의 판단에 의해 결정되는 것이라고 보아야 하는가? 이처럼 사회적 조건과 창의적 천재는 끊임없는 상호작용을 거치며 우리가 전혀 예

고흐의 〈해바라기〉(1888)

상하지 못한 결과를 만들기도 한다.

창의성의 발전에는 기술의 변화도 중요한 역할을 한다. 세계 최고 부자인 마이크로소프트의 빌 게이츠는 하버드 대학교를 중퇴했다. 유복한 변호사 집안에서 태어난 그는 명석한 두뇌를 가지고 사업을 통해 더 큰 성공을 거두었다. 특히 1980년대 PC의 등장과 인터넷의 개발은 새로운 비즈니스를 만들어 내는 결정적 조건이 되었다. 결국 빌 게이츠가 세운 MS는 세계 소프트웨어 시장을 평정했다. 2007년 1분기 MS의 실적은 144억 달러, 순익만 49억 3천만 달러에 달한다. 1천원을 팔면 342원의 이익을 남길 정도로 알짜배기 사업을 이끄는 뛰어난 기업가인 반면, 수단과 방법을 가리지 않고 시장의 독점을 추구하는 무자비한 기업 사냥꾼이라는 비난도 받았다. 하지만 빌 게이츠가 기술의 변화를 미리 예견하고 새로운 사업에 과감하게 도전한 투자가라는 사실은 부인할 수 없을 것이다.

2007년 빌 게이츠는 2008년부터 경영에서 손을 떼고 자선사업에만 전념하겠다고 발표하여 세상을 놀라게 했다. 그는 오래전부터 부인과 함께 '빌 앤 멜린다 게이츠 재단'을 설립하여 활발한 사회공헌 활동을 해왔다. 최근 32

년 만에 하버드 대학을 찾은 빌 게이츠는 '창조적 자본주의(Creative Capitalism)'를 주장하며 "시장과 정부의 힘을 가난한 사람을 위해 쓰도록 혜택받은 사람들이 나서자"고 역설했다. 그는 컴퓨터, 인터넷 등의 기술혁명이 빈곤과 질병으로 고통받는 사람들을 구할 새로운 수단을 제공한다고 말했다. 창조적 자본주의란 기업 활동을 통해 돈도 벌고 자선사업도 벌이는 것을 가리킨다. 기존의 자본주의가 이윤 창출에 초점을 맞추고 있다면, 창조적 자본주의는 이타적 동기를 추진 동력으로 강조한다. 자본주의의 활력이 되는 이윤 동기와 경쟁을 극대화하는 동시에 질병과 빈곤을 해소하는 데도 관심을 쏟는 것이다. 그의 창조적 자본주의는 다른 차원에서 '자비로운 자본주의'이자 '사회적 책임을 가진 자본주의'라고 볼 수 있다. 그러나 2008년 미국의 금융 위기에서 볼 수 있듯이 미국 경제가 '창조적 자본주의'로 변화할 것으로 본 것은 지나친 기대처럼 보인다.

진정한 의미의 '창조적 자본주의'를 주장한 사람은 '창조적 파괴'를 통한 혁신을 강조한 경제학자 요제프 슘페터이다. 자본주의의 역동성을 계속 유발하는 가장 중요한 요인으로 창조적 혁신을 주창했으며, 특히 경제 발전의 과정에서 기업가의 창조적 파괴 행위를 강조하였다. 결국 기술의 발전에 경제가 잘 적응해야 한다고 주장한 것이다. 1912년 슘페터는 《경제발전론》에서 이윤은 혁신적인 기업가의 '창조적 파괴'를 통한 생산 요소의 새로운 결합에서 생겨나기 때문에 결국 이윤이란 바로 창조적 파괴를 성공적으로 이끈 기업가의 정당한 노력의 결과라고 보았다. 시간이 지나면서 다른 기업가들이 창조적 파괴를 모방하면서 이윤이 사라지게 되면, 다시 새로운 혁신적 기업가가 출현하여 새로운 사회적 이윤이 만들어진다고 예측했다. 화약, 전기, 전화, 항생제, 컴퓨터, 인터넷 등 새로운 '기술 혁신'으로 낡은 것을 파괴하고 새로운 것을 창조하여 혁신을 일으키는 '창조적 파괴'의 과정이 기업 경제의 동력이라고 볼 수 있다.

요제프 슘페터(Joseph A. Schumpeter, 1883-1950)

경제뿐만 아니라 학문, 과학, 기술, 문화의 발전에도 창조적 파괴의 과정을 거쳐 새로운 혁신이 이루어진다. 이를 위해서는 민주적 정치제도, 정치적 안정, 경제발전, 다원주의, 개방적 문화 등 다양한 사회적 조건이 필수적이다. 특히 무엇보다도 보통사람과 다른 사람들에 대한 관용과 개방적인 태도가 필수적이다. 사회 전체의 생각과 다른 사고를 가진 사람들에게 '보편적' 사고를 강요하거나, 모두 남과 똑같아지기 위해 유행을 모방하는 사회에서 새로운 창의적 인물이 등장하기는 어렵다.

그런 점에서 18세기 이후 개인주의와 다원주의 문화가 발전한 서구 사회의 눈부신 발전에 주목해야 한다. 특히 산업혁명을 이룬 영국은 세계 최초로 의회민주주의를 만들었고, 개인주의와 관용의 문화를 전파했다. 그 후 전자기학의 맥스웰, 진화론의 다윈, 경제학의 케인스를 배출했다. DNA, 컴퓨터, 제트엔진, 레이더도 모두 영국에서 발명했다. 비틀스, 롤링스톤스, 미니스커트도 모두 영국에서 등장했다. 이는 영국 사회가 '괴짜'를 인정하는 개방적인 사회를 유지해왔기 때문이다. 그래서 대영제국이 해체되고 영국 경제가 축소되어도 영국의 활력은 지금까지 계속되고 있는 것이다. 독일과 프랑스의 경제와 문화의 역동성 역시 창의성과 도전이 뒷받침하고 있다. 그 뒤를 이어 미국이 놀라운 경제력과 대학 교육의 확대를 통해 새로운 혁신을 주도하고 있다. 창의성을 주도하는 국가가 문화와 과학기술뿐 아니라 경제와 군사력에서까지 경쟁력이 앞선다는 역사적 사실은 많은 시사점을 준다.

수십 년 전부터 일본의 뒤를 이어 한국과 중국이 고도성장을 이룩하면서 세계사에서 동아시아가 다시 등장하고 있지만 좀더 개방적, 다원적 사회를 만들지 못한다면 창의적인 활력이 계속 유지되지 못할 수 있다. 서양을 흉내 내 컴퓨터와 자동차를 조립해 돈 버는 것만이 전부가 아니다. 새로운 기술, 제도, 가치를 만들어야만 창의적인 활력이 계속 유지될 수 있다. ■ 김윤태

매력적인 조력자

창조적 문화와 창의성

〈굿 윌 헌팅Good Will Hunting〉이라는 영화를 보면, 미국 MIT 공대의 청소부로 일하는 윌이라는 청년이 등장한다. 이 대학의 수학과 교수 제럴드 램보는 자신의 강의를 수강하는 학생들에게 강의실 복도에 걸려 있는 칠판에 수학 문제를 제시하고, 이를 해결하라는 과제를 낸다. 이를 본 수학 천재 윌은 램보 교수의 수강생들 중 어느 누구도 해결하지 못하는 이 문제를 간단히 해결하고, 풀이 과정을 남몰래 칠판에 적는다. 그러자 램보 교수는 더 어려운 수학적 난제들을 칠판에 제시하고 놀라운 숨은 천재를 찾아내기 위해 모든 노력을 다한다. 결국 램보 교수는 주인공 윌을 찾아내고 그의 수학적 능력에 감탄하며 그의 재능을 키워 주기 위해 노력한다. 그러나 윌은 수학적인 풀이 능력만 뛰어났을 뿐 다른 사람과 어떻게 교류해야 하며, 자신의 감정을 어떻게 표출하고, 다른 사람들을 어떻게 설득해야 하는지에 관해서는 어린아이의 수준을 벗어나지 못한 청년이었다. 결국 램보 교수는 윌의 심리치료를 위해 자신의 친구이자 심리학과 교수인 숀 맥과이어에게 윌의 치료를 부탁한다. 마침내 윌은 자신의 내면을 이해하고 격려해 주는 맥과이어 교수를 통해서 인생과 투쟁하는 방법을 터득하게 된다.

이처럼 〈굿 윌 헌팅〉에 등장하는 주인공 윌은 대단한 천재임에도 불구하고 사회적으로 약자의 자리에 있으며 주류 사회가 아닌 비주류 사회에서 소외된 채 살아가고, 램보 교수를 만나기 전까지는 자신의 능력조차 인정받지 못하는 보통사람 이하의 삶을 살아가고 있었다. 그렇다면, 주인공 윌이 가진 능력을 창의성이라는 관점에서 조망하였을 때 과연 그의 천재성은 어떻게 설명되어야 하는가? 이러한 의문은 "윌이 가진 차별화된 지능은 무엇인가?", "윌이 소유한 지능을 과연 창의성이라 말할 수 있는가?", 그리고 "윌과 같은 인물이 만약 한국사회에 존재한다면, 우리 사회는 어떻게 대처해야 하는가?"와

같은 세부적 질문들에 대한 대답을 탐색함으로써 어느 정도 해결되리라 본다. 또한 이러한 질문들은 지능의 영역, 지능과 창의성의 관계, 창의성 배양을 위한 사회 · 문화적 맥락 등을 이해하는 데 있어서도 시사하는 바가 있으리라 본다. 더불어 디지털과 네트워크의 발전으로 하루가 다르게 급변하는 지금과 같은 시대에 창의성의 위상을 어떻게 재정립할 것인가에 대한 문제의식도 제공하리라 본다.

[지능의 다양성]

"윌이 가진 차별화된 지능은 무엇인가?"라는 문제를 해결하기 위해서는 우선 '차별화된 지능'이 무엇인지에 대한 개념 문제를 선결할 필요가 있다. 일반적으로 지능이라고 하면 단순히 공부를 잘하는 것을 의미하지 운동을 잘하거나 노래를 잘 부르거나 춤을 근사하게 잘 추거나 사람들 사이에서 인기가 많다는 등의 능력을 의미하지는 않는다. 그러나 지능에 대하여 연구를 하는 많은 학자들은 지능에는 다양한 영역, 즉 차별화된 지능의 영역이 존재한다는 것에 의견을 같이한다. 그중 대표적인 학자가 가드너이다. 가드너는 인간의 지능은 IQ 검사만으로는 측정할 수 없는 매우 다양한 영역이 있다고 주장하고 1983년 《프레임 오브 마인드Frame of Mind》라는 저서를 통하여 다중지능이론(theory of multiple intelligence)을 발표하였다.

하워드 가드너
(Howard Gardner, 1943-)

그 후 그는 《크리에이팅 마인드Creating Minds》라는 저서에서 1885년부터 1935년까지의 50년이라는 기간 동안 그가 주장한 각 지능 분야에 대한 창조적 거물이라 할 수 있는 일곱 사람들을 선별하고, 다음과 같은 흥미로운 지능의 다양성에 대한 분석 결과를 제시하였다. 상대성이론으로 유명한 물리학의 대가 아인슈타인은 논리-수리지능(logical-mathematical)과 공간에 관련된 지능(spatial)은 매우 뛰어났지만 대인관계지능(interpersonal)에서는 서툴렀다. 인도의 정치가 간디는 대인관계지능과 언어지능(linguistic)에서 높은 수준을 가지고 있었으나 예술지능에서는 약점을 가지고 있었다. 미국의 무용계를 혁신한 그레이엄은 신체

지능(bodily)과 언어지능에서 강점을 가지고 있었으나, 논리-수리지능에서는 약점을 가지고 있었다. 시인 엘리어트는 언어지능에서 뛰어났지만 음악지능과 신체지능에서는 약점을 가지고 있었다. 정신분석학의 대가 프로이트는 자기성찰지능(intrapersonal)과 언어지능에서 강점을 가지고 있었으나 공간지능과 음악지능(musical)에서는 약점을 가지고 있었다. 입체파 화가 피카소는 공간지능과 신체지능에서 뛰어난 능력을 가지고 있었으나 논리-수리지능에서는 약점을 보였다. 작곡가 스트라빈스키는 음악지능에서 강점을 가지고 있었으나 대인관계지능에서는 매우 어려움을 가진 것으로 평가하고 있다. 이러한 결과는 비록 한 분야의 지능에서는 천재라 하여도 다른 분야에서는 보통사람만도 못한 지능을 가질 수 있다는 사실을 시사한다.

한편 영화 속의 주인공 윌을 가드너의 다중지능 이론으로 판단하면, 논리-수리지능과 공간지능은 아인슈타인처럼 매우 뛰어나지만, 대인관계지능은 스트라빈스키와 같이 아주 곤란한 인물이라 평가할 수 있다.

[지능과 창의성의 관계]

윌이 소유한 지능을 창의성이라 판단하는 문제(윌이 소유한 지능을 과연 창의성이라 말할 수 있는가?)는 우선, 지능과 창의성간의 관계를 확인하는 절차를 거쳐야 가능하다. 펠드후센과 고(Feldhusen & Goh, 1995)는 창의성과 지능이 유사한 것으로 간주되어 왔지만, 창의성이 지능보다 더 많은 인지적 기능을 수행한다는 점에서 다르다고 하였으며, 게첼과 잭슨(Getzels & Jackson, 1962)은 IQ가 120을 넘을 때에는 지능과 창의성 사이에 상관관계가 매우 낮으며, 높은 창의성을 유지하기 위해서는 높은 지능이 필요하지 않을 뿐만 아니라, 심지어 어떤 상황에서는 지능이 창의성에 방해가 될 수도 있다고 하였다.

그렇다면 창의성은 지능과 전혀 관계가 없는 것도 아니고, 지능과 창의성을 동일한 개념으로 파악할 수도 없다면, 둘 사이의 관계는 과연 어떠한 맥락에서 파악될 수 있을까? 이러한 문제는 칙센트미하이, 가드너, 펠

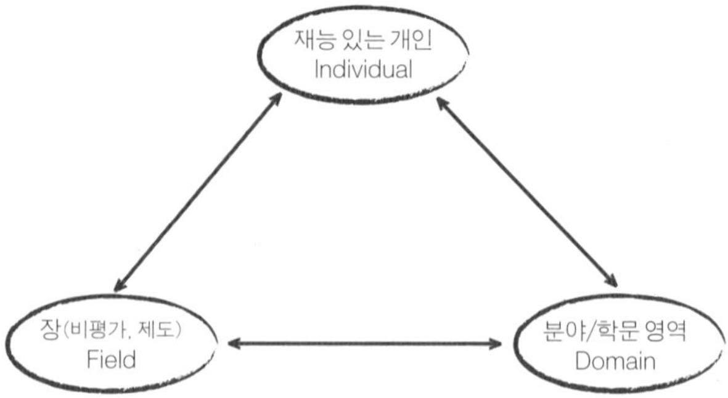

DIFI(Domain-Individual-Field Interaction) 모형
(by Feldman, Csikszentimihalyi, and Gardner, 1994)

드먼Feldman이 1994년에 제시한 DIFI(Domain-Individual-Field Interaction) 모형을 통하여 설명될 수 있다. 위의 DIFI 모형을 살펴보면 재능을 가진 개인(individual), 열정을 바쳐서 일을 하는 분야 혹은 학문 영역(domain), 그리고 재능을 가진 개인이 소유한 여러 지능들의 결과물 혹은 성과물 등을 판단하는 장(field)으로 구성된다. 한편, 장의 개념은 칙센트미하이가 제안한 요인으로서 재능 있는 개인의 사상, 행위, 작품 등과 같은 결과물을 평가하는 평론가, 학회, 연구소, 평가 준거, 그리고 제도 등을 의미한다.

위 DIFI 모형에서 지능은 다양한 분야에서 재능을 소유한 개인에 속한다고 볼 수 있다. 그렇다면 창의성은 그림의 어디에 있는 것일까? 그림을 살펴보면 어디에도 창의성이란 말은 존재하지 않는다. 이것은 DIFI 모형 자체가 "창의성이란 무엇인가?"라는 창의성의 개념 문제를 해결하기 위해 만들어진 것이 아니라, "창의성이란 어디에 있는가?" 라는 창의성의 소재 문제를 해결하기 위해 고안된 것이기 때문이다. 칙센트미하이는 이와 같이 창의성의 문제를 개념概念의 문제가 아닌 소재所在의 문제로 접근하는 것이 창의성의 본질을 이해하는 데 있어 좀더 용이할 수 있다고 주장하였다. 그는 또한, 창의성은 재능 있는 개인, 장, 그리고 분야/학문 영역의 어느 한 요소나 한 쌍의 요소에 존재하지 않고, 세 가지 요소가 변증법적으로 상호작용할 때 가장 정확히 파악될 수 있다고 주장하였다. 이렇게 본다면 창의성은 개인(individual)이 소유한 다양한 지능이 장(field)이라는 특정 지능 영역에 정통한 사람들에 의하여 평가되고, 인정되며, 더 나아가 기존의 분야/학문 영역(domain)을 새롭게 혁신하는 상호작용 과정을 의미하는 것으로 정의할 수 있다. 결국 "창의성은 어디에 있는가?"라는 창의성의 소재 모형이 창의성의 개념을 자연스럽게 포괄하게 되는 것이다.

그러면 여기서 다시 지능과 창의성의 관계 문제로 돌아가 보자. DIFI 모형에 의하면 지능은 해당 영역의 전문가, 혹은 비평가들의 혹독한 비판의 벽을 넘어 그 가치가 인정되지 않으면, 지능은 결국 창의성이라는 수준까지 도달하지 못한 채, 지능 그 자체로 남게 된다. 그러므로 인정받지 못한 잠재적 창의성의 단계가 지능이라 말할 수 있는 것이다. 여기서 인정을 받는 시기는 그 지능적 결과물이 세상에 발표된 직후일 수도 있고, 또한 미래의 어느 날이 될 수도 있다. 한편, DIFI 모형에 기반한 창의성의 개념을 살펴보면 다음과 같다.

> 모든 창조적 행위는 처음에는 한 개인과 객관적인 작업(작품) 세계의 관계에서 생겨나고, 다음으로 그 개인과 다른 사람들의 관계에서 성숙한다. —칙센트미하이, 1988.

> 창조적 인물이란 어떤 분야에서 처음에는 참신하게만 여겨지지만 종국적으로는 특정한 문화권에서 널리 받아들여지는 방식으로 문제를 풀고, 작품을 창조하고, 새

로운 문제를 정의하는 사람이다. —가드너, 《열정과 기질》

이러한 맥락에서 〈굿 윌 헌팅〉의 주인공 윌이 소유한 놀라운 수학적 재능은 DIFI 모형의 관점에서 다음과 같이 해석될 수 있다. 윌의 능력은 분명 수학계의 노벨상이라 할 수 있는 필드메달을 소유한 램보 교수뿐만 아니라, 수학계의 거물인 그의 동료들조차 해결하지 못하는 수학적 난제들을 거침없이 풀어내는 천재적 수준인 것만은 확실하다. 다만 영화의 내용만을 기준으로 판단하였을 때, 윌이 수학계의 인정을 받기 위해 자신의 결과물이나 업적 등을 공식적으로 장(field)에 제출하거나, 혹은 기존의 수학계를 거부하고 새로운 영역의 학문 커뮤니티를 개척하는 단계까지 발전하지 못했기 때문에 윌이 가진 재능은 창의성이 아닌 지능 즉, 잠재적 창의성을 소유했다고 볼 수 있다.

한편, 〈굿 윌 헌팅〉에 등장하는 윌과 같이 뛰어난 수학적 재능을 소유한 인물을 다룬 〈뷰티플 마인드A Beautiful Mind〉라는 영화에는 존 내시라는 주인공이 등장한다. 이 영화는 1994년 노벨 경제학상을 수상한 존 내시John Nash라는 인물의 실화를 배경으로 각색된 영화이다. 앞서 〈굿 윌 헌팅〉

의 주인공 윌을 DIFI 모형의 관점에서 분석하였던 것처럼, 〈뷰티플 마인드〉의 주인공 존의 능력을 해부하면 다음과 같다. 영화 속에서 존은 수학적으로 뛰어난 재능을 소유한 인물(individual)로서 그의 균형이론(equilibrium theory)은 장(field)의 전문가들에게 혹독한 비평을 받게 되나 결국 그 학문적 가치를 다양한 분야의 학자들에게 폭넓게 인정받게 된다. 또한 그의 이론은 외관상 수학과는 직접적으로 관련이 없어 보이는 세계무역협상, 국가노동관계, 그리고 심지어 생물 진화의 영역(domain)에까지 확장되고 일반화되는 파급력을 갖게 된다.

그러므로 그는 윌과는 달리 지능의 영역을 넘어 창의성의 고지를 밟은 인물로 평가할 수 있다. 그러나 존도 윌과 마찬가지로, 아니 윌보다 더 심한 심리적 장애를 가지고 있었다. 그래서 노벨상위원회조차 그에게 노벨상을 수여할 것인가에 대한 고민을 하였던 것이다. 하지만 다양한 분야의 수많은 학자들이 존의 수학적 업적을 자신의 분야에 맞게 확장하고 통합하는 과정에서 그의 균형이론은 더욱더 탄탄해지고 공고해졌기 때문에 노벨상위원회는 결국 그의 심리적 장애를 문제삼지 않고 그에게 노벨상을 수여하게 된 것이다. 두 영화 속 주인공 윌과 존은 뛰어난 수학적 재능을 가졌다는 점에서 닮았지만, 일반적이고도 광범위한 장의 인정과 새로운 영역의 개척이라는 업적의 파급효과 측면에서는 존은 윌과 대비되는 성과를 얻었다고 볼 수 있다. 물론 이러한 판단은 영화 속의 내용만을 가지고 DIFI 모형적 관점에서 지능과 창의성의 차이를 설명하기 위해 추론된 것이다. 그러므로 또 다른 관점 및 견해가 얼마든지 있을 수 있다.

창의성과 맥락(context) – 인지적, 정서적, 사회적 지지

지금까지 서두에서 제기한 세 가지 질문 중 두 가지 질문에 대한 대답을 탐색하였다. 이제 마지막으로 "윌과 같은 인물이 만약 한국사회에 존재한다면 우리 사회는 어떻게 대처해야 하는가?"라는 질문에 대한 대답을 고민해 보도록 하자. 앞서 윌이라는 인물은 DIFI 모형의 관점에서 볼 때 창의성이 아닌 잠재적 창의성이라 불리는 뛰어난 재능만을 소유한 인물이라고 평가하였다. 이러한 윌이라는 인물을 창의성을 갖춘 인물로 키워 내기 위해서는 지금 우리 사회가 어떠한 역량과 자질을 갖추어야 하는가? 우리는 종종 여러 매체를 통해 어린 천재들의 이야기를 접한다. 그러나 그 신동들이 성장하여 모두 창의성 있는 성과물을 만들어 내고, 자신의 탁월한 지능을 성공적으로 발휘하는 사례는 거의 찾아 보기 힘든 것이 현실이다. 이러한 이유는 무엇일까? 창의성을 사회, 문화, 역사적 측면에서 조망하는 가드너를 위시한 많은 심리학자들은 창의성이 단순히 개인의 능력에서 비롯되는 것이 아니라고 말한다. 그리고 다음과 같은 질문에 과감히 "그렇다"라고 주장한다.

> "창의성이란 개인의 산물이 아닌, 사회적이고 문화적인 산물인가?"
> "창의적인 사람으로 인정받기 위해서는 개인의 산물이 국가적 또는 국제적으로 인정받아야 하는가?"

이러한 질문은 DIFI 모형을 주도했던 가드너에게도 처음에는 어려운 난제였다. 그러나 그는 결국에는 창의성을 개인의 산물로 간주하기에는 믿을 만한 객관적 기준을 제시하기 어렵다는 말로 다음과 같이 항변한다.

> 물론 장(field)에 의하여 인정받지 못한 뛰어난 인물들도 많이 있을 수 있다는 사실을 전혀 부인하지는 않는다. 다만 우리는 이러한 사람들에 대해 들어본 적이 없고, 객관적인 자료(역사적 자료)로 그들을 평가할 마땅한 기준이 존재하지 않을 뿐이다. —가드너, 《열정과 기질》

이러한 전후 상황에 비추어 볼 때 DIFI 모형에서 창의성이 변증법적 상호작용이라는 정의를 내리는 데 있어 장(field)매우 핵심적인 위치를 차지한다는 것을 알 수 있다. 왜냐하면 지능이 창조성이라는 타이틀을 얻기 위해서는 반드시 혹독한 장의 벽을 넘어야 하기 때문이다. 결국 지능이 창조성으로 도약하기 위해서는 분야/학문 영역(domain)의 헤게모니를 쥐고 있는 장이라는 주류 집단의 평가와 기준을 통과해야 하고, 기존의 패러다임을 뛰어넘는 새로운 패러다임을 제시하여 이를 공식적으로 인정받아야 한다. 그러므로 잠재적 창의성을 가진 인물들은 항상 장이라는 곳에서 기존의 패러다임을 변화시키기 위해 설득하고, 논쟁하고, 때로 투쟁을 해야 하는 상황에 직면한다. 그렇기 때문에 그들은 항상 외롭고, 고독할 수 있다. 가드너는 창조적 인물이 이러한 어려운 상황을 극복하고, 창조적 도약을 얻기 위하여 인지적, 정서적 지지자가 있었음을 발견하였다. 그리고 이러한 인지적, 정서적 지지자가 없이는 창조성이 발현되기 힘들다고 하였다. 프로이트는 플리스에게, 피카소는 브라크에게, 그레이엄은 호스트에게, 엘리어트는 파운드에게, 스트라빈스키는 디아길레프 발레단에게 인지적, 혹은 정서적 도움을 얻어 힘겨운 난관 속에서도 창조적 도약을 이루어 낼 수 있었던 것이다.

영화 속 〈굿 윌 헌팅〉의 주인공 윌에게도 인지적, 정서적 지지자가 등장한다. 인지적 지지자는 제럴드 램보 수학 교수로서, 램보 교수는 윌의 수학적 능력을 발견하고 윌을 수학계라는 장에 데뷔시키기 위하여 부단히 노력하는 역할을 하였다. 한편, 윌의 정서적 지지자는 숀 맥과이어 심리학과 교수이다. 맥과이어 교수는 윌이 매우 취약

했던 대인관계지능을 높여 주기 위해 윌에게 사랑과 삶에 대한 애착을 조언하였다. 아래의 글은 윌의 인지적 지지자인 램보 교수가 정서적 지지자인 맥과이어 교수에게 한 말로써 가드너가 주장한 인지적·정서적 지지자의 중요성을 다시 한 번 시사한다.

> 제대로 이끌어 주는 사람이 없었다면 앨버트 아인슈타인도 스위스 특허청의 말단 공무원으로 끝나 버렸을 것이고, 아인슈타인에 의해 창조되었던 여러 가지 과학적 업적은 불가능했을지 몰라. 윌은 그런 재능을 타고 났어. 우린 윌에게 옳은 방향을 제시해 줘야만 해. —영화 〈굿 윌 헌팅〉 중

가드너가 이야기한 지지자란 말 그대로 창의성을 소유한 개인과 가장 친분이 있는 측근이라 할 수 있다. 그러나 이러한 측근들이 장에 속해 있다 하더라도 장의 헤게모니를 지지자가 모두 장악하고 있다고 단언할 수는 없으며, 장의 규율과 장에 속해 있는 다른 사람들에 의하여 지속적인 시기와 질타, 그리고 가혹한 평가를 창의자 스스

로 극복해 나가야 한다. 이러한 장의 갈등 구조를 창의자가 어떻게 풀어야 하는가의 문제는 반대로, 장에 속해 있는 다른 사람들이 어떻게 장의 규율과 분위기를 만들어야 하는가의 문제로 바꾸어 생각할 수 있다.

여기서 다시 앞서 제시했던 질문을 상기시켜 보자. 윌이라는 인물이 우리 사회에 존재한다면 어떻게 대처해야 하는가? 물론 윌이 영화 속에서는 수학적 재능이 뛰어난 인물이지만, 우리 사회에 존재하는 그는 어떤 특정 분야에만 뛰어난 재능을 보이는 인물들 중 한 명이라고 가정하고, 우리 사회가 그러한 인물을 위하여 갖추어야 할 조건들, 혹은 사회적 분위기를 생각해 보면 이에 대한 대답을 어느 정도 얻을 수 있다고 생각된다.

우선, 우리 사회가 장으로의 진입 장벽을 낮추는 것이 필요하다. 뛰어난 지능을 가지고 있다 하더라도 학력, 지연, 그리고 인맥 등에 의하여 참신한 지능의 싹이 피기도 전에 잘릴 수 있기 때문이다. 이에 대한 좋은 선례는 영국의 BBC 블래스트BBC Blast를 들 수 있다. BBC 블래스트는 2002년에 조직되었으며, 창조 영역을 아트 및 디자인, 무용, 영화, 음악, 문학, 게임의 영역으로 세분화하였다. 각

영국의 BBC Blast

영역에 관심이 있는 창의적인 작업을 필요로 하는 사람뿐만 아니라, 창의성을 원하는 사람이면 누구나 그들의 아트 및 디자인, 무용, 영화, 음악, 게임 등의 창조물을 업로드할 수 있다. 업로드된 창작물은 다른 블래스트 회원들에게 점수나 코멘트 형태로 피드백을 받을 수 있다. 또한 블래스트 웹사이트에는 각 분야의 대가들의 인터뷰, 노하우, 그리고 최고의 기술 등에 대한 자료들도 포함하고 있다.

둘째, 서열과 같은 줄세우기가 아닌 차별화된 능력으로 개인의 가치를 평가해 주고, 이에 대한 합리적인 보상을 제시해 주어야 한다. 개인의 능력을 대학에 들어가기 위한 수학능력 점수나, 학점, 토익, 토플 점수 등으로 서열화시키기보다는 개인이 가진 차별화된 능력에 대한 가치를 인정해 주는 사회적 분위기가 형성되어야 한다. 등수 및 서열을 중요시하는 사회는 앵무새와 같이 다른 사람들의 업적(단순한 사실)을 암기하고 이를 반복적으로 테스트하는 것을 중요하게 여길 가능성이 높다. 물론 시대의 흐름을 제공해 주는 기존의 헤게모니적 정보(일종의 유행 사조)는 매우 중요하다. 그러나 기존의 틀 안에서 새로움을 가지고 있는, 혹은 기존의 틀에서 벗어나지만 전혀 낯설지 않은 자신만의 정체성(Identity)를 가진 결과물이야 말로 진정한 경쟁력을 갖추었다고 할 수 있다. 세계적인 전위 예술가 백남준은 "다른 것을 맛보는 것이 예술이지 일등을 매기는 것이 예술은 아니다"(《천재를 뛰어넘은 77인의 연습벌레들》 중) 라는 말은 남겼고, GE의 전 회장 잭 웰치는 "창의적 아이디어를 내거나 제품을 혁신한 사람들을 영웅과 스타플레이어로 대접해야 한다"(〈프리존 뉴스〉)라고 이야기했다. 또한 세계적인 IT 회사 IBM의 왓슨 연구소에는 수백만 달러의 자산을 소유한 연구원이 여러 명 있다. 이들의 아이디어로 막대한 이익을 창출한 IBM 측에서 수익의 일정 부분을 원천 개발자들에게 나누어 주었기 때문이다.

셋째, 문화적으로 개방되어야 한다. 창조적 결과물은 기존의 문화적 패러다임에 불편함을 느끼고 결국 이에 도

백남준(1932-2006)

전하는 것으로부터 출발한다. 아인슈타인, 프로이트, 간디, 그레이엄, 스트라빈스키, 엘리어트, 그리고 피카소 등의 모든 위대한 창조자들이 그러했듯이 그들은 두 문화권 이상에서 성장하며, 체험의 기회(교육과 훈련 등)를 가졌으며, 다양한 문화적 배경을 가진 사람들과 교류하였다. 한국이 낳은 비디오 아트의 대가 백남준은 시대적 긴장감이 팽배한 일제시대에 태어나 일본의 도쿄대학에서 음악을 전공했으며, 이후 독일에서 음악가로 활동하다가 자신의 예술작품에 TV를 접목하여 새로운 영역을 개척하였다. 이후 그는 미국으로 옮겨가 자신의 영역을 꾸준히 확장해 나갔다. 영화평론가 김소희 씨는 다음과 같은 말로 백남준의 성공을 사회적, 문화적 배경에서 찾고 있다.

한 가지 의아스러웠던 것은 관습적인 사고방식이 권장되는 한국사회에서, 그것도 일제시대에 태어나고 자란 백남준이 어떻게 세계 최고의 전위적인 예술가가 되었는가 하는 점이다. 그런데 전시회를 꼼꼼히 둘러보면 그 해답을 얻을 수 있다. 첫 번째 힌트는 1930년대에 찍힌 한 장의 사진이다. 백남준의 일가친척들 가운데 여성들만 십여 명이 모인 그 사진 속에서 상당수의 여성들이 남장을 하고 있었다. 남자 옷을 입은 여자들! 바로 이 같은 파격적인 분위기 속에서 백남준이 길러졌을 것이다. 한 사회에서 자유롭고 계몽된 부르주아지가 기여하는 몫이 무엇인가를 알 수 있게 해 주는 사례다. —〈시티라이프〉 2000.8.10.

최근 우리 사회가 글로벌 사회를 지향하는 것은 보편성과 다양성을 수용한다는 점에서 매우 긍정적인 현상이라 할 수 있다. 그러나 글로벌 사회를 구축하자는 표면적인 구호보다는 우리 사회 구성원들이 새로운 문화에 대한 참신한 자극들을 거부하지 않으며, 기존의 문화와 새로운 문화 사이의 접점을 역동적으로 찾아내는 열린 시각을 가질 수 있도록 지원해 줄 제도적이며 체계적인 교육이 필요하리라 본다.

넷째, 객관적인 평가와 승복의 미덕이 사회의 기본 문화로 뿌리 내려야 한다. 앞서 설명한 DIFI 모형에 의하면, 현재와 과거를 망라하는 모든 시대마다 각 분야(domain)는 고유한 규칙, 구조, 그리고 실천 관행을 가지고 있으며, 개인들은 이러한 구조 안에서 사회화되고, 이러한 구조에 맞추어 활동하도록 되어 있다. 이러한 맥락에서 참신한 아이디어(지능)를 가진 개인은 장(field)에 성과물을 제시하고, 반대로 장은 혁신적인 개인들을 찾기 위해 노력한다. 장에 의한 평가는 매우 혹독하여 참신한 개인의 아이디어가 모두 채택되지 못하고 매우 소수의 인물들만이 지속적인 관심과 평가의 대상이 된다. 마침내 주어진 역사적, 사회적, 문화적 맥락에 비추어 극소수의 사람만이 매우 낯설지만 참신하며, 아주 훌륭한 창조자란 타이틀을 얻는다. 그리고 다음 세대는 창조적인 인물의 업적에 힘입어 혁신된 분야에서 새로운 작업 및 연구를 하게 된다. 이와 같은 DIFI 모형의 변증법적 상호작용이 재능(지능)을 위대한 창조로 이끄는 견인차 역할을 한다면, 정正-반反-합合의 과정에서 나타날 수 있는 갈등의 상황은 필수 불가결하다. 그러므로 평가의 척도, 평가의 과정, 평가의 결과가 모두 공개되어야 하며, 평가 후의 깨끗한 승복의 미덕이 존재해야 한다. 한편 시간의 축에서 보면, 장에 의한 평가는 혁신적인 아이디어를 제안한 개인이 생존하고 있을 경우에도 가능하지만 사후에도 얼마든지 가능하다.

마지막으로, 토론과 설득의 문화가 일반화되어야 한다. 많이 나아지긴 했지만 여전히 한국의 주류 사회는 상명하복上命下服의 문화가 팽배해 있다. 비록 오래전의 데이터이기는 하나, 1983년 홉스테드Geert Hofstede가 발표한 연구결과에 따르면 한국은 구성원 간 높은 권력거리(불공평한 배분)를 가지고 있으며, 권위주의와 집단주의가 팽배하고, 불확실성에 대한 회피 경향이 강하다고 하였다. 물론 시대가 많이 지난 지금은 홉스테드의 연구결과가 우리 사회의 현실을 그대로 반영한다고 말할 수는 없을 것이다. 그러나 학교에서는 아직도 토론식 수업

홉스테드(Geert Hofstede, 1928-)

이 일반화되지 않았으며, 객관식 문제가 학생들의 선발을 좌우하며, 학생과 교사 간의 열띤 학문의 논쟁은 일어나기 힘든 분위기인 것만은 사실이다. 작금의 사회 현실을 보면, 표면적으로 토론을 하고 있지만, 상대방의 약점을 공격하고 있으며, 토론 후에도 앙금이 가라앉지 않는다. 토론과 설득의 능력을 배양하고 발현시키기 위해서는 브레인스토밍, 브레인라이팅, 마인드맵, 그리고 팀 과제 등이 좋은 활동으로 알려져 있다. 그러나 이러한 활동이 현실에서 뿌리내리며 꽃을 피우기 위해서는 초등학교부터 시작하여 대학에 이르기까지 제도적인 토론과 설득의 교육이 필요하리라 생각된다.

그러므로 만약 우리 사회에 윌과 같은 인물이 존재한다면, 우리는 윌이 특정 영역에서 좀더 쉽게 데뷔할 수 있도록 장(field)의 진입 장벽을 낮추어 주어야 하고, 기존의 장에서 혁신적 아이디어를 거부할 때는 또 다른 새로운 장이 자연스럽게 형성될 수 있도록 사회적 시스템을 구축해야 한다. 또한, 윌과 같은 문화권에서 살아온 사람들을 편견 없이 열린 마음으로 대해야 한다. 윌이 만약 자신의 혁신적인 아이디어를 학계에 발표한다면, 엄중한 평가를 내려서 이를 공개해야 하며, 이 과정에서 건전한 토론과 설득이 도구적 역할을 해야 한다.

새로운 창의성의 준비

지금까지 〈굿 윌 헌팅〉의 주인공 윌을 대상으로 지능의 다양성, 창의성과 지능의 구별, 그리고, 창의성을 가진 인물을 키우기 위한 인지적, 정서적, 사회적 맥락 등을 살펴보았다. 본문에서 탐색한 창의성을 정리하면, 결국 창의성이란 개인의 참신한 아이디어로 시작하여 기존의 패러다임을 혁신시키고 사회, 민족, 국가, 그리고 나아가 세계의 복지와 안녕을 꾀하는 탁월한 능력을 의미하는 것으로 압축할 수 있다. 물론 창의성에 대한 이러한 접근 방법은 가드너, 칙센트미하이, 그리고 펠드먼 등의 주장을 기반으로 한 것으로, 일종의 정글의 법칙으로 알려진 파레토 법칙(Pareto principle)을 다중지능 이론에 접목한 것이라 볼 수 있다. 왜냐하면, 다양한 지능을 소유한 여러 사람들이 장(field)에 자신의 아이디어(이론, 사상, 작품, 인물 등)를 제안하고 이를 인정받기 위해 노력하지만, 결국에는 가장 참신하면서도 설득력 있는 소수의 아이디어만이 장의 혹독한 벽을 뛰어넘고 살아남기 때문이다. 또한 그들이 주장한 변증법적 상호작용을 지속적인 파레토 법칙으로 이해한다면, 창의성은 죽은 것이 아니라 살아 숨쉬는 것이며, 유전적으로 새로운 패러다임에 전달되어 또 다른 생명을 이어가는 것이라 볼 수 있다.

한편, 이러한 창의성이 가진 역동성, 참신성, 도전성, 그리고 적자생존적 특성은 멀티미디어와 네트워크로 대표되는 정보화 사회의 특징과 매우 유사하다. 멀티미디어란 정적 미디어(static media)인 텍스트와 이미지, 동적 미디어(dynamic media)인 사운드, 애니메이션, 그리고 비디오 등과 같은 각각의 모노 미디어를 대상으로 디지털의 특성을 이용하여 두 가지 이상의 미디어를 서로 융합하는 것을 말한다. 또한 이러한 융합은 인터넷 등과 같은 네트워크를

기반으로 서로 다른 시간과 공간을 초월하여 정보기기(컴퓨터, 휴대폰, PDA 등)와 정보기기, 정보기기와 사람, 사람과 사람, 사람과 조직, 조직과 조직 등을 연결하여 상호작용할 수 있는 기반을 제공한다.

마치 창의성이 장의 혹독한 평가를 받아 새로운 패러다임을 개척하는 과정과도 유사하게, 지금 우리 사회는 방송과 통신의 융합을 필두로 기존 산업과 IT와의 끊임없는 융합이 시도되고 평가되고, 그 결과물이 신속하게 구축되었다가 다시 빠르게 사라져 가는 현상들을 경험하고 있다. 또한 정보화 시대의 주도권을 결정하는 정보화기기간의 언어라 할 수 있는 프로토콜의 표준화를 선점하고 지켜내기 위하여 많은 글로벌 기업들이 밤낮을 가리지 않고 경쟁하고 있는 것을 우리는 다양한 매체를 통하여 보고 듣고 경험하고 있다. 그렇다면 이러한 정보화 시대의 창의성은 기존의 DIFI 모형의 각 요인들(individual, domain, field)을 다양화하여 재구성하는 것으로 설명될 수 있을 것이다. 즉 정보화 시대의 창의성은 아마도 하나의 분야가 아닌, 적어도 둘 이상의 분야(domain)에서 탁월한 능력을 발휘하며, 둘 이상의 장(field)에서 동시적 또는 비동시적 평가를 받고, 둘 이상의 영역을 하나로 융합하거나 반대로 하나의 영역을 둘 이상의 영역으로 가르는 능력과 설득력을 의미하는 것으로 개념화할 수 있을 것이다.

물론 이와 같은 접근 방법을 그대로 영화 속 윌과 같은 인물에 적용하는 것은 무리이다. 영화 속에서는 칠판과 분필, 책상과 의자, 그리고 교수와 강의실 등과 같은 아날로그적 수학 도구와 환경 조건이 배경이 되었기 때문이다. 그러나 윌이 영화 속에서 보여 준 수학적 능력을 디지털 시대의 정보기술(IT)과 융합하여 자신의 결과물을 인터넷 등과 같은 네트워크에 공유하였다고 가정하면, 〈굿 윌 헌팅〉의 스토리는 마치 리눅스의 창시자인 필란드 사람, 리누스 토발즈Linus Torvalds의 이야기로 새롭게 각색되어야 할지 모른다.

《꿈의 사회Dream Society》의 저자인 미래학자 롤프 옌센이 예언한 대로, 앞으로의 세상은 머리(brain) 못지않게 가슴(heart)이 중요한 사회가 될 것임이 분명하다. 논리력, 추리력, 그리고 분석력 등으로 대변되는 좌뇌와 지성과 신뢰, 애정, 그리고 연민 등으로 대변되는 우뇌의 감성을 최적으로 조합하는 다중 능력의 소유자들이 미래 사회의 주류 집단으로 자리 잡을 것이다. 그렇다면 지금 우리 사회는 어떠한가? 아침부터 저녁까지 오직 지성만을 강조하는 좌뇌 교육만을 고집하고 있지 않은가? 아이들의 머리는 좌뇌만 커져 버린 비정상적이고도 매우 기형적인 상태이지만, 어른들은 이를 방치하고 오히려

부추기고 있는 실정이다. 이러한 현실은 외국인의 눈에도 분명 이상하게 보였을 것이다. 《사우스차이나 모닝포스트 South China Morning Post》 서울 주재 기자인 리제트 팟기터는 《주간조선》에 기고한 글에서 한국에 있는 영어교사 친구들이 자신에게 항상 다음과 같은 불만을 토로한다고 이야기한다.

> 한국 아이들은 자기 생각이 없는 것 같다. 글쓰기 숙제를 내주면 쓸 내용 자체가 없는 것 같다. 항상 같은 이야기만 반복한다. '나는 어제 학원에 갔다 와서 공부를 했다'. —《주간조선》 2007.11.16.

또한 리제트 팟기터는 아이들이 삶을 체험하기 위해

서는 놀아야 한다는 것을 한국의 부모들에게 강력히 조언하였다. 그녀의 말대로 이제 우리의 아이들을 놀게 해 줄 필요가 있다. 뇌의 좌우 균형을 맞추기 위하여, 더 늦기 전에 우리의 아이들에게 우뇌를 키워 주어야 한다. 감성을 기반으로 하는 우뇌는 단순히 책과 책상 앞에 앉아 있는 것만으로 생기지 않는다. 산과 바람과 바다와 나무와 같은 자연 속에서, 그리고 함께 협력하는 사람들의 커뮤니티 안에서 우뇌의 감성을 배울 수 있는 것이다.

어쨌든 지금 우리가 알고 있고, 믿고 있고, 때로는 신봉하고 있는 그 무엇, '패러다임'에 대한 도전은 바로 창의성에 새로운 기운을 불어 넣는 일이며, 장(field)의 혹독한 벽을 뛰어넘고, 때로는 시간이라는 암울한 터널을 통과한 인물만이 지능이라는 언덕을 넘어 창의성이라는 고지를 밟을 수 있다는 교훈을 우리 사회는 기억해야 한다. 또한 영화 속 윌과 같은 인물을 창의성을 가진 선택된 소수로 우리 사회가 길러내기 위해서는 장의 진입 장벽을 낮출 뿐만 아니라 기존의 장을 거부하는 혁신적인 아이디어 및 결과물들을 외면하지 않으며, 문화적으로 개방되어야 하고, 서열이 아닌 차별화된 능력으로 개인을 평가하고, 객관적인 평가와 승복의 미덕을 갖추어야 하며, 토론과 설득의 문화가 우리 사회 전반에 뿌리내릴 수 있도록 모든 힘을 기울여야 할 것이다. 더불어 좌뇌의 지성뿐만 아니라 우뇌의 감성까지도 길러 줄 수 있는 균형 잡힌 교육 분위기가 형성되어야 할 것이다. ■ 엄명용, 이수희

● 참고문헌 ●

데이시 · 렌넌. 이신동 · 이정규 · 박성은 · 김지은 옮김. 《창의성의 이해—사회학 · 심리학 · 생물학적 접근의 통합》. 박학사, 2006.

로버트 스턴버그. 김정희 옮김. 《지혜, 지능 그리고 창의성의 종합》. 시그마프레스. 2004.

미하이 칙센트미하이. 노혜숙 옮김. 《창의성의 즐거움》. 북로드. 2003.

박성철. 《천재를 뛰어넘은 77인의 연습벌레들》. 다산어린이. 2006.

유승호. 《디지털 시대와 문화 콘텐츠》. 전자신문사. 2005.

전경원. 《창의학》. 학문사. 2005.

하워드 가드너. 임재서 옮김. 《열정과 기질》. 북스넛. 2007.

리제트 팟기터. 〈동화를 잃어버린 한국의 아이들 영어책부터 버려라!〉, 《주간조선》.

〈시티라이프〉 2000-08-1, http://bbooh22.spaces.live.com/blog/cns!14B98D248B849 DC!439.entry

〈프리존뉴스〉 http://www.freezonenews.com/news/article.html?no=11524

Csikszentmihalyi, M. 1998. *Society, Culture, and Person: A Systems View of Creativity.* In R. J. Stermberg. ed. "The Nature of Creativity". NewYork : Cambridge University Press. pp.32-39.

Cullen, J. B. & Parboteeah, K. P. 2007. *Multinational Management–A Strategic Approach*

4e. THOMSHON.

Feldhusen, J. F. & B. E. Goh. 1995. "Assessing and accessing creativity: An integrative review of theory, research, and development." *Creativity Research Journal* 8(3). pp.231-248.

Feldman, D.H., Csikszentmihalyi, M. & Gardner, H. 1994. *Changing the World : A frame work for the study of creativity*. Westport, CT : Praeger.

Getzels, J. W. & Jackson, P. J. 1962. *Creativity and Intelligence : Explorations with Gifted Students*. NewYork : John Wiley & Sons, Inc.

Hofstede, G. H. 1983. "The cultural relativity of organizational practices and theories", *Journal of International Business Studies*, Fall 1983. pp.75-89.

완전함을 추구함

불완전함과 창의성

한국사회에 와인 열풍이 불기 시작한 지 꽤 오래되었다. 와인을 소재로 한 일본 만화원작인《신의 물방울》이 인기를 얻으며 무려 수십만 부가 팔려 나갔다고 한다. 그 만화에서 던진 지상과제는 최고의 와인평론가가 묘사한 '12사도'와 '신의 물방울'이라 불리는 와인을 찾아내는 것. 그런데 그 와인들은 세계의 브랜드로 알려진 '5대 샤토'나 고가에 경매되는 걸작이 아니다. 오히려 '완벽하지 않은 것, 결함을 가지고 있고 불완전하기에 그 빈틈이 매력을 발하는 것'들이다. 단단하게 닫혀 있어 간절함을 부르는 것, 흉작을 극복하려 애쓴 손길이 녹아 있는 것, 와인의 명인이 초심으로 돌아가 만든 낮은 급의 와인들이 상상의 미각을 자극하며 펼쳐진다.

불완전한 인간의 삶에서 창조된 것, 그것이 바로 우리가 작품이라 부르는 것

이다. 거기에는 때로 신의 경지에 다가서는 초월의 면모가 담기기도 하지만, 더 자주, 혹은 매번 우리는 그 속에 스민 좌절의 고통과 한순간 열릴 것 같은 유토피아의 소망을 본다. 그 흔적이 틈틈이 새겨져 기억을 되살리고 공감을 일으키고 감동을 준다. 세상에 완벽함이란 없다. 그걸 꿈꾸는 인간만이 있을 뿐이다. 창의성은 아마도 그것을 찾아가는 인간이 길 어딘가에 떨군 땀방울일 것이다.

[창의성은 먼 곳에 있는 것이 아니다]

하지만 인간은 늘 완전한 무엇인가를 꿈꾼다. 그래서 그것을 찾아 길을 떠나고 시련을 겪고 깨달음을 얻으며 어딘가에 도달하려 한다. 그러나 대부분 목적지까지 이르기 전에 되돌아오거나 중도에 머무르거나 다른 길로 접어들어 버린다. 인간의 삶을 여행이나 '길'에 비유한 많은 이야기들은 지금 '여기'가 아닌 '어딘가'에 자신의 완전한 이상이 존재하기를 소망하는 마음을 표현하고 있다. 창의적인 결과를 남긴 것일수록 그 소망은 더욱 강렬했을 것이고, 바로 지금 자신의 곁이 아닌 먼 어딘가에 그 실체가 존

재한다고 믿었다.

무엇인가를 찾아 떠나고 되돌아오는 이야기의 원형과도 같은 주인공은 호메로스 서사시의 오디세우스다. 그는 트로이전에서 승리한 후 귀향하기까지 많은 괴물을 만나 결투를 벌이고 늙어진 후에야 비로소 고향에 되돌아 올 수 있었다. 20여 년이라는 긴 여정을 길 위에서 보낸 오디세우스의 혹독한 시련은 전쟁에서 승리하기까지가 아니라 그 후의 귀향길에서 본격적으로 펼쳐지는데, 여기에서 우리는 인간사의 중요한 모티프를 찾을 수 있다. 즉 사람은 무엇인가를 성취하는 것보다 그 성취를 지키고 원래의 자리로 돌아오기가 훨씬 어렵다는 것이다. 이 점은 일상사에서도 간단하게 경험할 수 있다. 등산을 할 때도 산을 오르기보다 내려오기가 더 어려울 때가 있고, 누군가와 맺어지기보다 오래 곁을 지키기가 어려우며, 목적지를 찾아가기보다 되짚어 오기가 더 어렵다. 인간은 목표를 세우기보다 도달하기가 어렵고, 그 후에도 초심을 간직하며 제자리를 찾기가 어렵다. 《오즈의 마법사》의 어린 소녀 도로시도 무지개 너머 어딘가가 아니라 자신의 집에 행복이 있음을 깨닫지 않던가. 늘 존재했던 것을 잃어 본 이후에야 비로소 그 가치를 깨닫는 경우는 종종 있다.

영화사의 걸작으로 알려진 로베로 브레송 감독의 〈소매치기Pickpocket〉란 영화가 있다. 자신이 무엇을 해야 하는지 모르는 한 젊은이는 신기에 가까운 소매치기 행각을 벌인다. 사람의 주머니를 파고드는 그의 손놀림은 섬세하고 용의주도하여 한마디로 예술이다. 소매치기가 자신의 완성을 위한 수단인 것 같은 그의 곁을 들고나는 마리아라는 한 여인이 있다. 영화는 어떤 로맨스도 마음도 보여 주지 않는다. 그저 간간이

스칠 뿐이다. 그런 이 영화의 마지막에 그 젊은이는 불현듯 "마리아! 당신에게 이르기까지 나는 얼마나 기이한 길을 돌아왔는가"라고 외친다. 세상에는 이런 사랑 이야기도 있다.

가까운 곳에서 발견하는 인생의 깨달음이란 늘 그러하듯 긴 방황이나 시련 이후에 주어진다. 그렇다고 한곳에 머무르기만 했던 게으른 사람이 가질 수 있는 것은 아니다. 오히려 어딘가에 있을 무언가를 찾아 떠나 본 자만이 누릴 수 있는 마지막 선물이다. 자신이 가진 것에 도취되어 있거나 얄팍한 성취에 만족하는 자는 결코 다가갈 수 없다. 만약 인생의 어떤 기대도 희망도 없이 그저 기다릴 수밖에 없는 경우에 처했다면 기다리는 것도 마지막 구원의 가능성일 수 있다. 기다림이란 조용히 일상을 감내하며 미래를 준비하는 마지막 희망이기 때문이다. 그러나 이는 게으른 정체와 구별된다. 또 준비하여 자신의 길을 닦으며 적절한 시기를 기다리는 '와신상담'형 기다림과도 다르다. 막연히 단박에 인생이 변화하기를 바라는 '로또형' 기다림은 설령 그 소망이 이루어진다 해도 결코 오래 지속될 수 없다.

창의성은 목적을 갖고 준비하고 행동하여 다다른 영역이다. 그러나 가까운 것, 곁에 있는 것의 진정한 의미를 발견하는 것만큼 창조성의 태동을 이끄는 것도 없다. 진정한 귀향이란 곧 완전한 성취의 다른 얼굴이며 결코 먼 곳에 있는 파랑새가 아니다.

불완전한 주변을 돌아보자. 대부분의 창작은 자신의 삶에서 모티프를 취한다. 우리 스스로가 가장 잘 아는 것, 익숙한 것, 그래서 충분히 소화하고 재구성할 수 있는 소재를 찾자. 창의성은 그 과정에서 만들어진다.

[창의성은 지식의 조합이 아니다]

완전할 수 없는 창작의 길을 걷는 작가들은 두 부류로 구별될 수 있다. 스스로 자신의 화두에 집요하게 매달려 그 창작물을 세상에 내어놓는 작가가 있는가 하면 주변의 이야기를 솜씨 좋게 버무리는 재능의 소유자가 있다. 그래서 전자에 해당하는 작가를 연구할 때는 그가 끊임없이 천착하는 주제와 형식을 밝혀내는 데 많은 노력을 기울이게 된다. 반면 후자의 경우는 그 시대에 만연한 생각을 엮어 낸다는 점 때문에 작가와 관련된 당대의 문화와 현실을 읽어 내는 것이 중요해진다.

그런데 〈헐리우드 키드의 생애〉라는 영화에는 좀 색다른 창작자가 등장한다. 안정효의 소설을 각색한 이 영화는, 옛날 영화 팬들이 즐겨 보았던 텔레비전의 '주말의 명화'와 개봉관이라곤 몇 곳 없던 시절에 보았던 고전 명작의 추억을 떠올리게 한다. 이 영화의 영화감독 병석은 세상을 깜작 놀라게 할 영화를 만들 흥분에 들떠 있는 '헐리우드 키드'이다. 그런 그가 만들어 낸 작품은 슬프게도 다른 영화의 장면을 짜깁기한 조합물이다. 그의 노트에 빽빽이 적혀 있던 영화의 기록은 그 작품에 녹아 들어갔지만, 그것은 창작이라 하기 어려운 모방으로 판명되고 만다. 일찍이 공자도 "학문을 아는 자는 이를 좋아하는 사람만 못하고 학문을 좋아하는 자는 이를 즐기는 자만 못하다"라고 하셨다. 병석은 알고 좋아하고 즐겼지만 그럼에도 그 늪에 빠져 버렸다. 그가 즐긴 것은 수집한 지식의 과시와 도취일 뿐 그 세계에서 한 치도 나오지 못했기 때문이다. 지식이 지식으로 끝난다면 창의성을 찾기는 어렵다.

하지만 창작한다는 것이 세상에 없던 완전히 새로운

것일 수는 없는 법이다. 일찍이 '모방은 창조의 어머니'라고도 했다. 전해져 온 지식과 문법 체계를 이해하고 그 바탕 위에 새로운 것을 덧붙인다면 그것이 창조성의 핵심일 수 있다. 그래서 현대예술은 모방을 통한 재창조의 가능성을 열어 놓았다. '패러디'라는 장치를 창의성이 없는 재담으로 이해하던 시대는 지났다. 만약 〈헐리우드 키드의 생애〉 같은 영화가 근자에 출현했다면 그 영화는 대단한 비평적 관심을 받았을 것이다.

영화 〈헐리우드 키드의 생애〉(1994)의 한 장면

지식에 새로운 정신을 부여하는 것, 그것이 창의성에 이르는 길이다.

창의성은 완전히 새로운 것이 아니다

우리가 흔히 접하는 서사, 이야기를 예로 들어 보자. 소설,

영화 같은 분야뿐만 아니라 그림, 시같이 함축적으로 표현되는 형식에도 읽을 수 있는 이야기가 숨어 있다. 생각과 상상을 작품으로 옮길 때는 전달하고자 하는 의미가 있게 마련이며 대개는 이야기로 전달된다.

토도로프(Tzvetan Todorov, 1939-)

토도로프는 신화의 분석을 통해 인류가 구성한 이야기 구조를 단순하게, 그러나 매우 설득력 있게 제시한 바 있다. 그는 개별 작품의 의미보다 많은 다른 작품들에서 되풀이되고 있는 형식적 구조나 비유에 관심이 있었다. 그래서 인류의 신화나 설화의 이야기가 어떻게 유사한 집합을 구성하고, 선과 악, 혹은 주인공과 악당, 왕자와 공주, 문명과 야만 등의 이분법적 체계가 형성되며, 인간 경험이 조직되는지를 제시하였다. 많은 반론과 덧붙임에도 불구하고 그가 분석한 구조는 상당한 설득력을 갖는다. 주인공과 적대자가 있고 조력자가 있다. 그리고 목적을 위해 나아가는 서사가 있다. 이 서사는 주인공이 적대자를 물리치고 목적에 도달함으로써 종결된다. 그리고 이 이야기가 전해지는 과정에서 선, 악이 뒤섞고 영웅이 순진한 처녀가 되고 괴물이 상처받은 인간이 되어 다시 태어난다.

바쟁(André Bazin, 1918-1958)

인류의 경험이 전해지는 과정에 따라 시대 변화에 맞는 문화 형식이 구축되어 왔다. 구전으로 전해지던 신화가 전설이 되고 인쇄 매체에 안착하여 소설의 기원이 되었다. 그런데 영화평론가 앙드레 바쟁은 과거 공동체의 집단창작이 현대에 이르러 장르영화로 이어지고 있다고 주장하였다. 그는 창작자와 관객이 끊임없이 소통하며 진화하는 장르영화를 현대의 신화라고 말했다. 장르영화는 산업적 성공에 따라 비슷한 작품이 제작되어 형성되는 것이기 때문에 반드시 대중의 공감이 있어야 한다. 장르영화는 다시 멜로드라마, 서부극, 갱스터, 뮤지컬, 코미디, 스릴러와 같은 범주로 분류된다. 유사한 이야기, 상황 설정, 인물 유형, 표현 방법 등이 반복적으로 사용되어 관객들의 기대감을 형성하게 되면 우리는 그것을 관습이라 하며, 그것이 보다 큰 이야기 구조와 만났을 때 공식이라 한다. 예를 들어 헐리우드 블록버스터는 대개 액션 장르이며 폭파 장면이 늘 관습적으로 등장한다. 또한 남성 주인공이 위기를 겪으며 악당을 처벌하고 사랑하는 여인을 구한다는 해피엔딩의 기승전결 구조는 할리우드 영화에서 오랫동안 변하지 않는 공식이다.

장르영화는 공통의 신호 체계와 관습, 형식을 가지고 있지만 사실은 그 내부에 진화하는 힘을 가지고 있다. 관객의 기대란 늘 변화한다. 관객은 익숙한 것에 싫증을 느끼면서도, 한편으로는 익숙해야 이해하고 재미를 느끼는 매우 미묘한 존재이기 때문이다. 예를 들어 1920, 30년대 서부극은 악당과 영웅

영화 〈퀵 앤 데드(The Quick And The Dead)〉의 한 장면.

이 뚜렷이 구별되고, 문명사회와 황야가 명백히 구분된다. 그러나 1950년대를 지나면 보안관이 악당이 되기도 하고, 영웅이 고독한 방랑자의 모양을 취하더니, 근자에는 여자 총잡이까지 출현한다. 그렇다고 현대판 서부극이 서부극 장르가 아닌 것은 아니다. 오히려 끊임없이 변화하기 때문에 장르영화이다.

만화에서도 이와 비슷한 현상은 쉽게 찾을 수 있다. 이야기의 소재가 요리든 패션이든 혹은 스포츠이든 간에 열정과 연마되지 않은 재능만 있는 순수한 주인공을 등장시킨다. 그를 도와주는 친구나 스승이 있고 영원한 맞수가 있다. 주인공은 점차 단련을 거듭하여 상대를 물리치고 새로운 세계로 접어들며, 그때마다 더 강한 상대가 나타난다. 그 영역은 무한대까지 펼쳐 있어 도무지 끝날 것 같지 않다. 막강한 하나의 벽을 넘어서면, 또다시 새로운 벽이 나타난다. 주인공은 한계에 도전하는 과정을 계속할 뿐이다. 모든 적이나 상대는 언제나 최강이다. 주인공에게는 최선을 다하는 현실만 존재한다. 상당수의 게임 서사도 마찬가지이다. 게임은 현실에서는 체험하기 어려운 경험을 가상의 세계에서 가능하게 한다. 대중들이 즐기는 비슷한 이야기 구조의 작품들은 제각각 비슷하지만 조금씩 모두 다르다.

더 넓게 보면 현대의 모든 창작물들은 중세 혹은 근대 초기에 존재했던 신화, 전설, 소설 등의 서사와 크게 다르지 않다. 새로운 시대 상황에 맞게 변형되어 우리의 소비를 기다리지만 비교 방식을 추상화할수록 비슷한 점이 많다. 인간이 불완전하기 때문에, 그 존재를 넘고자 하는 정신 작용이 존재하고, 그래서 인간은 이야기를 만들어 낸다. 어쩌면 서사는 인류의 정신 작용이 낳은 가장 오래된, 그러면서도 가장 장기 지속할 발명품인지도 모른다.

인류사에 장구히 내려오는 것, 익히 보아오던 것, 들어오던 것, 그런데 미처 생각하지 못했던 것, 그런데 무엇인가 보태어진 것, 그 살짝 열려진 틈새에 창의성은 존재한다.

창의성은 혼자 이루는 것이 아니다

현대에 이르러 익명이었던 창작자들은 작가라는 이름을 받게 되었다. 알타미라 동굴벽화를 누가 그렸는지, 《춘향

전》의 창작자가 누구인지 알 수 없지만, 영화의 감독과 시나리오 작가가 누구인지는 모두 알려져 있다. 그러나 현대의 작품 생산 과정도 고대나 중세와 크게 다르지 않아 영화, 만화, 게임, 드라마, 심지어 소설까지 온전히 혼자 전 과정을 담당하는 경우는 많지 않다. 영화 상영이 끝나고 올라가는 무수한 스태프의 이름에서 한 작품이 관객과 만나기까지 얼마나 많은 사람의 노력이 있었는지 알 수 있다. 만화도 글과 그림을 다른 작가가 담당하기도 하며 이 외에도 배경과 인물을 표현하는 많은 조력자들이 있다. 소설가나 시나리오 작가처럼 개인적인 작업이 주를 이루는 분야에서도 여전히 자료조사를 도와주는 일은 있다. 작품의 작가란 혼자가 아니라 여러 사람의 집단적 노력을 대표하는 존재인 것이다. 때문에 함께 일할 동료를 찾아내는 것은 매우 중요한 창작의 일부분이다.

환타지 소설의 반열에 올랐고 영화로도 크게 성공한 《반지의 제왕》에서 주인공 프로도는 길을 떠나기 전에 그 길을 함께할 동료(fellow)를 먼저 찾는다. 주인공은 프로도이지만 그의 동료들이 없다면 반지를 파괴해야 하는 그의 사명을 이룰 수 없었을 뿐 아니라 여정도 무의미했을 것이

다. 누가 그 고통의 길에 힘이 되어 줄 것인지, 누가 날 그 길에 동료로 선택해 줄 건지는 모두의 삶에서 가장 중요한 문제이다. 이를 작품의 창작 과정에 대입시켜 보자. 필요에 따라 들고 나는 철새나 명령에 복종하는 부하나 이해관계가 맞아 함께하는 파트너가 아닌 진정한 동료가 당신 곁에 있는가. 이 질문에 자신 있는 사람이라면 분명 창의적인 일에서 성취를 얻을 것이다.

[창의성은 시대정신과 무관한 것이 아니다]

작품에 작자가 존재한다고 해서 그것이 온전히 개인의 머릿속에서 만들어지는 것은 아니다. 모든 창작물에는 그것을 만드는 주체, 즉 창작자의 의도가 존재하지만 그것이 완벽하게 표현되기란 거의 불가능하고, 또한 개인만의 결과물은 아닌 것이다. 어쩌면 가장 근원적인 창작자는 작품이 나온 시대일 것이다. 작품의 의미란 완전히 객관적일 수도 완성될 수도 없는 것이며, 작자의 의도를 찾아내는 숨은 그림 찾기도 아니다. 때로 의미는 창작자의 의도와 일치할 수도 불일치할 수도 있으며, 작가 자신도 미처 깨닫지 못한 채 표현해 버릴 수도 있다. 작품이 세상에 나오도록 하는 사람이 작가인 것은 분명하지만 그가 살아가는 시대 안에 있는 많은 것들이 작품 안에는 들어 있게 마련이다.

롤랑 바르트(Roland Barthes, 1915-1980)와
미셸 푸코(Michel Foucault, 1926-1984)

그래서 롤랑 바르트와 미셸 푸코는 의미의 최종적 원천으로써 '작가의 죽음'을 선언한다. 작가가 의미의 생산자가 아니라 독자가 작품을 소비하면서 그 시대 속에서 호흡하며 이해하는 다양한 의미의 해석 가능성이 더 중요하다는 것이다. 창조적 의미는 사회, 역사적, 문화적 맥락 안에서 관객과 함께 인식되어야 한다.

〈살인의 추억〉은 영화의 말미에 최초의 살해 현장으로 돌아가는 박형사(송강호)를 통해 20년에 가까운 시간이 흘렀지만 해결되지 않은 연쇄살인의 기억을 환기시킨다. 영화는 한 소녀의 대사를 통해 살인범이 지금은 아주 평범한 모습으로 우리와 함께 살고 있다는 사실을 알려준다. 연쇄살인의 공포는 아직 현실에 그대로 남아 있으며, 그것이 더 공포를 주는 이유는 살인의 배경이 우울한 80년

영화 〈살인의 추억〉의 한 장면.

대 사회였다는 것을 알고 있기 때문이다. 살인범이 여전히 활보하고 있다면 2000년대도 20년 전의 그 시절과 그다지 다르지 않다는 것이다. 그런데 만약 봉준호 감독이 80

년대에 대학 생활을 하지 않았다면 이 작품이 나올 수 있었을까. 연일 시위가 끊이지 않고 한편에서는 연쇄살인이 저질러지는 민주화 시대의 그늘을 체험하지 않았다면 〈살인의 추억〉은 아마 살인을 다룬 많은 미국 영화들과 비슷해졌을지도 모른다. 작품의 생산과 의미는 생산물 안에만 존재하는 것이 아니라 소비되는 사회 속에서 재탄생하며, 결국은 이를 파악해 가는 각자 인식의 세계만큼 존재한다.

창의성은 완전한 것을 추구하되 완전할 수 없으며, 새롭되 완전히 새롭지 않은 것이다. 창의성은 새로운 무언가를 찾는 것에서가 아니라 가까이 있는 것을 재구성하면서 생겨난다. 그리고 동료와 함께 가는 길에서만 만들어지며, 더 근원에는 배경이 되는 시대가 있다. 결국 창의성이란 사회적인 인간이라면 누구라도 개발할 수 있는 본성인 것이다. ■ 김미현

창의성에 관한 11가지 생각

초판발행 2009년 7월 25일
초판 4쇄 2012년 8월 23일
엮은이 황준욱 · 유승호 · 김윤태
펴낸곳 고려대학교출판부
www.kupress.com kupress@korea.ac.kr
136-701 서울특별시 성북구 안암동
Tel 02-3290-4230, 4232 Fax 923-6311

찍은곳 한국컴퓨터인쇄정보

값 9,000원
ISBN 978-89-7641-691-9 03800